Grundkurs Möbelbau

Tobias Pehle

Grundkurs Möbelbau

urania

Inhalt

BOSCH
PST 750 PE

BOSCH
PSB 750-2RE

Möbel mit Holz selbst gestalten

Möbel selbst zu bauen bietet viele Vorteile

Möbelstücke selbst zu entwerfen und herzustellen, ist nicht nur eine Arbeit, sondern eine Qualität an sich. Der Bau von Möbeln ist so für viele Menschen keine Arbeit, sondern ein Vergnügen. Etwas zu planen und sich dann in die Werkstatt zurückzuziehen, um mit dem Naturprodukt Holz umzugehen und mit den eigenen Händen etwas Dauerhaftes, Sichtbares und Sinnvolles zu schaffen, vermittelt Ihnen innere Zufriedenheit und Entspannung.
Dabei bietet der Eigenbau von Möbelstücken allem voran viele pragmatische Vorteile:

- Möbel selbst zu bauen ist viel preiswerter, als industriell gefertigte Stücke im Handel zu erwerben oder sich diese von einem Schreiner anfertigen zu lassen.
- Die Möbel lassen sich exakt den eigenen Bedürfnissen anpassen. So können Regale oder Schränke in Länge, Höhe und Breite eine Nische komplett ausnutzen – und das ist mit Standardware von der Stange nahezu unmöglich.
- Material- und Fertigungsqualität können Sie selbst bestimmen und z. B. Möbel für Funktionsräume aus preiswertem Material aufbauen, während solche für Wohn- oder Arbeitszimmer aus massivem, edlem Holz gearbeitet werden.
- Die Möbelstücke können Sie in Farbe und Form exakt auf die vorhandene Einrichtung abstimmen, indem Sie beispielsweise ein Regal in derselben Holzart und -farbe bauen wie bereits vorhandene Schränke.

Möbel selbst zu bauen spart nicht nur Geld, sondern bringt viele Vorteile.

Diese praktischen Vorteile erklären aber nicht allein die Faszination des Möbelbaus. Dass so viele Menschen gerne mit Holz umgehen und daraus Schönes schaffen, liegt vor allem auch an den sinnlichen Erlebnissen, die der Umgang mit dem Naturmaterial bietet.
Holzfarbe und -maserung, die Form der Möbel und die Ästhetik des fertigen Werkstücks faszinieren das Auge. Zudem ergeben sich immer wieder taktile Erlebnisse, so z. B. wenn man Oberflächen auf Ebenheit prüft oder fertig bearbeitete Stücke zusammen-

Der Umgang mit Holz macht Spaß und spricht die Sinne an. So hat die Arbeit mit dem Material ihre ureigene Qualität.

setzt. Sogar der Geruchssinn wird angesprochen, z. B. wenn Holz gesägt oder gehobelt wird.
Ein schönes Möbelstück selbst entworfen und perfekt gebaut zu haben erfüllt schließlich auch zu Recht mit Stolz. Denn das Ergebnis der Arbeit ist sichtbar und vorzeigbar. Bei guter Material- und Fertigungsqualität ist ein solches Werkstück zudem langlebig und überdauert sogar Jahrhunderte.

Guter Möbelbau beginnt im Kopf

Die Arbeiten gelingen meist nur, wenn man sich ihnen mit Ruhe und Zeit widmet. Kein perfektes Möbelstück entsteht über Nacht: Die Arbeiten müssen sorgsam geplant und umgesetzt werden. Ein durchdachter, detaillierter Entwurf ist z. B. der erste wesentliche Schritt zum Erfolg.

Guter Möbelbau beginnt also im Kopf und erfordert von der ersten Skizze über das Ausmessen und Anreißen der Werkstücke bis zum letzten Hammerschlag viele Kenntnisse und Fähigkeiten.
So ist der Anspruch dieses Buches, Ihnen nicht nur Spaß am Möbelbau näher zu bringen, sondern auch alle wichtigen Informationen und Techniken des Möbelbaus zu vermitteln.

Holz – der Baustoff der Natur

Möbelbau bedeutet fast immer auch Arbeiten mit Holz. Der Naturbaustoff in all seinen Ausprägungen vom edlen Vollholz bis hin zur einfachen Pressspanplatte bietet dabei ein so breites Gestaltungsspektrum wie kaum ein anderes Material. Die einzelnen Holzarten und industriellen Verarbeitungsformen zeichnen sich dabei durch sehr unterschiedliche Eigenschaften aus.

Vollholz

Aus botanischer Sicht unterscheidet man die Holzarten zunächst in Laub- und Nadelhölzer (Angio- und Gymnospermen). Für den Möbelbau ist diese Unterscheidung allerdings wenig hilfreich. Weitaus bedeutender sind hier die physikalischen und mechanischen Eigenschaften der Hölzer, die maßgeblich durch die unterschiedlichen Zellstrukturen sowie den Feuchtegrad bestimmt werden. Das Verhältnis von Zellmasse zu Holzvolumen beispielsweise bestimmt die Rohdichte des Holzes. Anhand dieses Wertes unterscheidet man:

- **Weichhölzer**
  Holzarten mit geringer Rohdichte. Dazu zählen nahezu alle Nadelhölzer (außer Eibe) sowie Laubhölzer mit einer Rohdichte kleiner als 0,55 g/cm³ wie z. B. Erle, Pappel, Espe,
  Linde oder Rosskastanie.
- **Harthölzer**
  Alle Hölzer mit einer Dichte über 0,55 g/cm³.

Je dichter die Hölzer sind, desto besser sind in der Regel auch die Witterungseigenschaften: Viele Harthölzer sind deshalb witterungsfest und eignen sich gut, um Gartenmöbel herzustellen. Zu den entscheidenden Faktoren zählt in diesem Zusammenhang auch der Harzgehalt, der bei den Hölzern sehr unterschiedlich ausfällt. Die meisten Weichhölzer hingegen müssen für den Einsatz im Freien imprägniert werden.
Für den Möbelbau ist die Härte ein wichtiges Kriterium. Sie bezeichnet den Widerstand gegen das Eindringen fester Körper in die Oberfläche. Je härter ein Holz ist, desto schwerer ist es und desto kraftintensiver ist auch das Arbeiten (Sägen, Hobeln, Schleifen, Schrauben, Nageln etc.).
Nicht jedes Holz lässt sich gleich gut bearbeiten. Einige Holzarten fasern so beim Sägen leicht aus, andere wiederum erschweren die Arbeit durch austretende Harze. Außerdem lassen sich einige Hölzer leichter beizen oder lackieren als andere.
Besonders leicht und sauber lassen sich z. B. Buche und Birke bearbeiten. Auch die preiswerten

Leimholz ist eine preiswerte und attraktive Alternative.

Vollholz ist ein schönes, aber heute auch sehr teures Baumaterial. Die einzelnen Hölzer unterscheiden sich vor allem in ihren Materialeigenschaften.

Tipp Holzkauf

Holz ist ein Naturprodukt und der Kauf letztlich eine Vertrauensfrage. Die Qualität von Leimhölzern beispielsweise lässt sich von Laien nur sehr schwer einschätzen. Lassen Sie sich deshalb beim Kauf vom qualifizierten Fachhandel beraten. Hier weiß man z. B. auch, welche Hölzer sich für welches Möbelbauvorhaben besonders gut eignen.

heimischen Nadelhölzer wie Fichte, Tanne und Kiefer lassen sich grundsätzlich problemlos bearbeiten – allerdings erschweren es oft Harze, saubere Oberflächen zu erzielen.
Für die Verarbeitung und Eignung von Holz im Möbelbau sind darüber hinaus noch viele weitere Eigenschaften von grundsätzlicher Bedeutung wie z. B. Biegsamkeit und Biegefestigkeit oder Schnitt- und Spaltfestigkeit. Diese Merkmale spielen allerdings bei der Gestaltung von einfachen Möbelstücken zunächst nur eine untergeordnete Rolle.

Das Gesicht des Holzes

Weitaus wichtiger sind Holzfarbe und -maserung. Letztlich ist es immer eine Frage des persönlichen Geschmacks, welches Gesamtbild man als besonders schön empfindet. In der Möbelindustrie spielen dabei auch immer wieder Trends und Moden eine wichtige Rolle. Unabhängig von aktuellen Designströmungen qualifizieren Fachleute die Homogenität der Holzarten: Apfel und Ahorn, Birne, und Buchs z. B. zeigen in allen Holzteilen eine weit gehend einheitliche Struktur und Zusammensetzung der Fasern. Sie bilden so sehr homogen und ruhig wirkende Oberflächen aus. Bei anderen Holzarten wie z. B. Fichte, Kiefer und Douglasie sind hingegen deutliche Unterschiede z. B. zwischen den Jahresringen zu erkennen – dementsprechend rustikal und lebendig wirken Oberflächen aus diesen Naturmaterialien.

Leimholzplatten

Um größere Platten herzustellen, schneidet man Vollholz in schmale Lamellen, die dann miteinander verleimt werden. Die Methode hat gleich mehrere Vorteile:

- Es lassen sich nahezu unbegrenzt große Platten herstellen.
- Durch das Verleimen verringert sich die Gefahr von Verformungen und Rissbildungen.
- Es lässt sich Restholz verarbeiten – und dies senkt den Preis.

Die wichtigsten Holzarten im Überblick

Fichte

Tanne

Kiefer

Lärche

Douglasie

Eiche

Zirbelkiefer/Arve

Ulme/Rüster

Esche

Robinie

Edelkastanie

Ahorn

Buche

Birke

Pappel

Weide

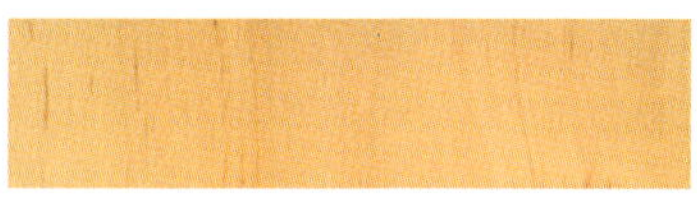
Erle

Linde

Rosskastanie

Nussbaum

Kirschbaum

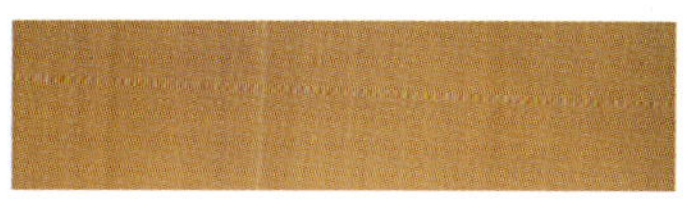
Elsbeere

Der Handel führt im Allgemeinen Leimholzplatten aus Kiefer, Fichte und Buche.
Selbstverständlich gibt es im gut sortierten Fachhandel auch Platten aus anderen Holzarten wie z. B. Ahorn oder Eiche.
Standardstärken sind 18, 28 und 38 mm bei Breiten zwischen 20 und 80 cm sowie Längen von 60 bis 240 cm.
Zudem bietet der Handel die Leimholzplatten auch in runder oder ovaler Form als Tischplatten an.

Dreischicht-Platte

Buchensperrholz

Furnierschichtholz

Werkstoffplatten aus Holz

So viele Vorteile Vollholz in sich vereinen kann – das Naturprodukt besitzt auch Nachteile:

- Das Material „arbeitet": Es quillt bei Feuchtigkeit und schwindet bei Trockenheit.
- Bei einigen Holzarten ist es sehr schwierig, glatte Oberflächen herzustellen.
- Das Material ist relativ teuer.
- Dünne Stämme oder Abfallprodukte wie z. B. Holzspäne bleiben ungenutzt.

Deshalb hat man industrielle Herstellungsverfahren entwickelt, die genau diese Nachteile aufwiegen. Dabei entstehen verschiedene Werkstoffplatten, die zum Teil sehr unterschiedliche Materialeigenschaften aufweisen.

Dreischicht-Platten
Bei diesen Platten verleimt man dünne Nadelholzleisten – zumeist Kiefer oder Fichte – zwischen Decklagen aus dem gleichen Material. So entstehen sehr verzugsichere, leichte Platten. Ihre Materialeigenschaften kommen vor allem bei größeren Flächen zum Zuge. Der Handel bietet Dreischicht-Platten in Stärken zwischen 16 und 42 mm an.

Sperrholzplatten
Auch bei diesem Verfahren werden die Platten aus mehreren Schichten aufgebaut. Man leimt gleich dünne Holzlagen aufeinander, deren Fasern pro Lage um 90° versetzt werden. So entstehen ebenfalls sehr verzugsichere Werkstoffe.
Je nach Art der verwendeten Hölzer sowie Anzahl und Stärke der Lagen können Sperrhölzer ganz unterschiedliche Funktionen erfüllen. Der Handel bietet sie sowohl als 2 mm dünne Bastelplatte wie auch als mehrere Zentimeter starkes Baumaterial für Fassaden.
Im Möbelbau erfreuen sich vor allem die so genannten Multiplexplatten großer Beliebtheit. Sie werden aus Buchenfurnieren aufgebaut und sind sehr widerstandsfähig. Hinzu kommt, dass sich die Platten durch ein optisch sehr attraktives Kantenbild auszeichnen.

Spanplatten
Diese sehr preisgünstigen Platten stellt man aus Sägespänen her, die unter Hitze und Leimzugabe miteinander verpresst werden. Durch den Zusatz von chemischen Stoffen während des Verdichtens können Spanplatten auch für Holzprodukte eher ungewöhnliche Eigenschaften aufweisen wie z. B. Wasser- und Feuerfestigkeit.

Für den Möbelbau sind vor allem beschichtete Spanplatten interessant, weil die Oberflächen nach dem Zusammenbau nicht mehr aufwändig nachbearbeitet werden müssen. Gängig sind vor allem drei Oberflächenarten:

- Echtholzfurniere
- Melaminharzbeschichtungen (zumeist unifarben wie z. B. in Weiß, Grau oder Schwarz)
- Phenolharzdekore (zumeist Holznachbildungen).

Eine optische Besonderheit stellen Spanplatten aus Hobelspänen dar, allen voran die OSB-Platten (oriented strad board) aus ausgerichteten Flachspänen.

Mitteldichte Faserplatten (MDF)
Pressspan hat den Nachteil, dass das Material nicht wie Vollholz nachbearbeitet und z. B. gefräst werden kann. Dies ist bei Mitteldichten Faserplatten (MDF) anders. Sie bestehen aus gepressten Holzfasern, die eine sehr einheitliche, feine Struktur ausbilden. Zudem zeichnen sich die Industrieprodukte durch eine sehr glatte Oberfläche aus, die Sie nach einer Grundierung direkt lackieren können. Die Platten gibt es in allen gängigen Stärken.

Hartfaserplatten
Der Handel führt diese Werkstoffe vor allem als dünne Platten zum Bau von Schrankrückseiten oder Schubladenböden. Ihre hohe Festigkeit wird durch besonders großen Pressdruck bei der Herstellung erreicht.

Weitere Werkstoffplatten
Neben diesen für den Möbelbau geeigneten Platten bietet der Handel eine Vielzahl weiterer Werkstoffe aus Holz an. Diese sind oft für besondere Funktionen beim Innenausbau oder für Spezialanwendungen vorgesehen. So gibt es z. B. Röhrenspanplatten mit schalldämmenden Eigenschaften, die beim Bau von Tonstudios oder Konzerthäusern zum Einsatz kommen.

OSB-Flachpressplatten

Spanplatte

MDF-Platte

Hartfaserplatte

Topfscharniere und Klappenhalter sind die meist verwendeten Beschläge für den Türenbau. Sie werden in besonders vielen Varianten angeboten.

Beschläge: Technik für perfekte Möbelstücke

Ein Möbelstück ohne Nägel oder Schrauben nur aus Holz zu bauen – das ist ein Ausweis wahrer Holzbaukunst. Längst aber vereinfachen Beschläge aus Metall und Kunststoff die Arbeit erheblich. Dass die so erstellten Werkstücke auch Wertstücke sind, beweist das Schreinerhandwerk, aus dem die Beschlagtechnik nicht mehr fortzudenken ist, jeden Tag aufs Neue. Auf den ersten Blick ist die Beschlagtechnik eine Wissenschaft für sich. Die Kataloge der Markenhersteller können vom Umfang her mit den Telefonbüchern von Großstädten konkurrieren. Auf mehreren tausend Seiten bieten sie für alle erdenklichen Aufgaben und Einbausituationen passende Scharniere, Befestigungen oder Spezialteile an.

Allerdings: Bei genauem Hinsehen kommen für den Eigenbau von Möbeln nur wenige Beschläge in Frage wie z. B. Scharniere oder Schubladenführungen. Je genauer man weiß, für welches Möbelstück man den Beschlag benötigt und welche Funktion er erfüllen soll, desto einfacher gestaltet sich der Kauf der entsprechenden Technik. Bei Topfbeschlägen z. B. reichen Standard-Klickbeschläge für Türen mit 110°-Öffnung vollkommen aus – die vielen weiteren Topfbeschläge z. B. für Türen mit besonders großen Öffnungswinkeln sind in der Regel für die Eigenkonstruktionen uninteressant.

Viele Verbinder hat man für ganz spezielle Aufgaben entwickelt.

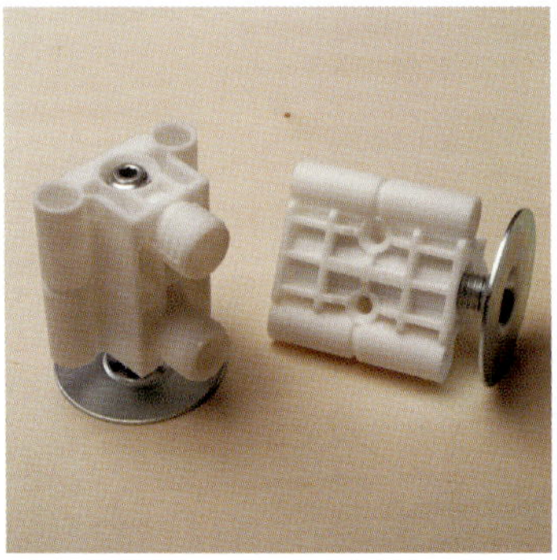

Sockelversteller erleichtern die Konstruktion eines Korpus.

Für alle erdenklichen Zwecke gibt es spezielle Beschläge wie diesen Klappenbeschlag.

Die Auswahl an Bodenträgern ist besonders groß.

Leim ist der wichtigste Klebstoff im Möbelbau. Für das Verbinden von Hölzern setzt man Weißleim ein, den der Handel in Tuben zum Aufspritzen und in Töpfen anbietet.

Wenn Sie allerdings doch etwas ungewöhnlichere Lösungen erarbeiten möchten, sollten Sie sich im Fachhandel beraten lassen.

Leim – Der unverzichtbare Klebstoff fürs Holz

Leim gehört zum Schreinerhandwerk wie die Butter zum Brot. Ob kleine Dübel Werkstücke verbinden oder lange Hölzer zu einer großen Platte verarbeitet werden sollen – Leim sorgt bei allen Holzverbindungen für sicheren Halt.
Im Möbelbau hat sich Weißleim – auch Holzleim genannt – durchgesetzt. Nach DIN unterscheidet man Holzklebstoffe in vier Gruppen. Der Dispersionsklebstoff Weißleim wird der Gruppe D2 zugeordnet und ist zum Teil auch so im Handel gekennzeichnet. Die Klebstoffe der anderen Gruppen zeichnen sich durch besondere Eigenschaften aus – die Leime der Gruppe D3 sind beispielsweise wasserfest.

Wie gut eine Leimverbindung hält, ist vor allem vom Anpressdruck während der Trockenphase abhängig. Besonders wichtig ist es so, frisch verleimte Elemente mit Zwingen auf Druck zu halten.
Wie lange der Leim austrocknen muss, ist vom Produkt abhängig – genaue Angaben finden sich auf der Verpackung.
In der Werkstatt sollten Sie Leim sowohl in der Tube mit feiner Spritzspitze als auch offen zur Hand haben. Den Leim aus der Tube benötigen Sie, um präzise und gut dosiert Klebstoff auf Kanten (z. B. in eine Nut) oder in Bohrlöcher (z. B. Dübellöcher) aufzubringen.
Wenn größere Flächen mit einem Pinsel eingeleimt werden sollen, ist die Tube unpraktisch. Hier greift man besser zu einem Leimtopf. Oft ist die Kombination von Tube und Topf ideal, so bei verdübelten Verbindungen (siehe S. 32): Die Stirnseite streicht man mit dem Pinsel ein; die Dübellöcher hingegen spritzt man aus.

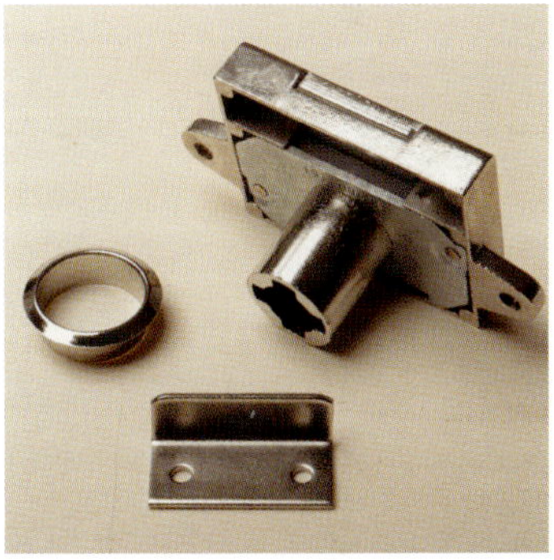

Schlösser sind aus dem Möbelbau nicht fortzudenken. Sie werden ...

... in verschiedensten Varianten und Techniken angeboten.

Werkzeuge für den Möbelbau

Beim Möbelbau ist Präzision entscheidend

Vernünftiges Werkzeug ist das A und O beim Möbelbau. Ein Werkstück ist schließlich nur so gut wie seine Bearbeitung und die steht und fällt mit den zur Verfügung stehenden Werkzeugen. So ist es beispielsweise unmöglich, ein Holzstück mit einem stumpfen Sägeblatt sauber zu durchtrennen; die Schnittkante franst garantiert aus.
Bei allen Arbeiten ist Präzision gefragt: Denn ganz gleich, ob schiefe Schnittkanten, wellige Oberflächen oder unsaubere Anschlüsse – Fehler bleiben im Möbelbau fast immer sichtbar und lassen sich nur schwer kaschieren.
Je professioneller die Werkzeuge sind, desto einfacher gestaltet sich die Arbeit. So ist es z. B. relativ schwierig, mit einer Stichsäge oder einer Kreissäge frei Hand eine gerade Schnittkante herzustellen. Bei einer Tischkreissäge mit verschiedenen Anschlägen hingegen ist es keine Kunst, gerade zu sägen.
Eine entsprechend professionell ausgerüstete Werkstatt schlägt allerdings tiefe Breschen ins Portmonee. Deshalb ist es sinnvoll, sich die Werkstatt nach und nach entsprechend einzurichten.

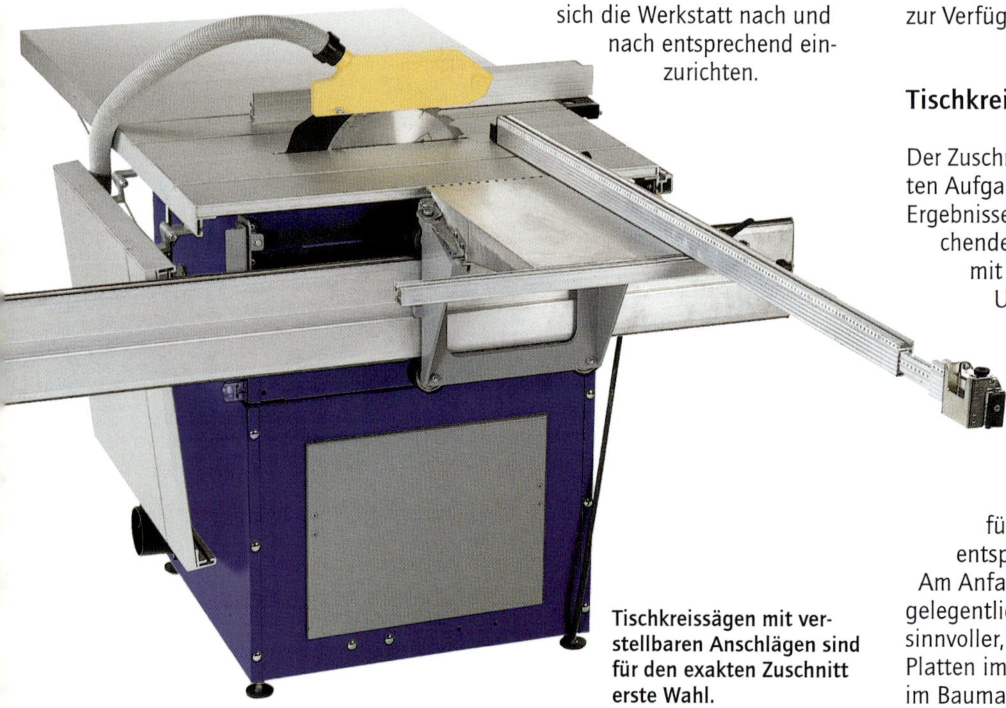

Tischkreissägen mit verstellbaren Anschlägen sind für den exakten Zuschnitt erste Wahl.

Werkbank

Herzstück einer jeden Möbelschreinerei ist die Werkbank. An ihr werden die meisten Arbeitsschritte vollzogen. Professionelle Rahmenbedingungen bietet eine Hobelbank mit Spannvorrichtung für das sichere Befestigen von Werkstücken.
Für den Anfang reicht allerdings auch ein stabiler Tisch aus, an dem man einen Schraubstock befestigt. Auch eine Universalwerkbank ist bestens geeignet. Da man sie zusammenklappen kann, ist so eine Werkbank vor allem dort zu empfehlen, wo wenig Platz zur Verfügung steht.

Tischkreissäge

Der Zuschnitt ist eine der wichtigsten Aufgaben im Möbelbau. Gute Ergebnisse lassen sich – entsprechende Übung vorausgesetzt – mit der Kreissäge erzielen. Um perfekt arbeiten zu können, benötigen Sie allerdings eine Tischkreissäge. Diese ist relativ teuer. Wer viel mit Holz arbeitet und über den entsprechenden Stellplatz verfügt, für den lohnt sich eine entsprechende Investition.
Am Anfang aber oder bei nur gelegentlichem Möbelbau ist es sinnvoller, sich die benötigten Platten im Holzfachhandel oder im Baumarkt zuschneiden zu las-

In der Schreinerwerkstatt sind verschiedene Werkzeuge für das Ermitteln und Anzeichnen von Maßen unentbehrlich.

Das Streichmaß ist ein praktischer Helfer, um parallele Markierungslinien, vor allem auf schmalen Holzstücken, anzureißen.

sen. Hier bekommt man in der Regel selbst kleinere Platten in verschiedenen Materialien maßgenau zugesägt, ohne dass für den Zuschnitt gesondert gezahlt werden muss.

Werkzeuge zum Maßnehmen und Anreißen

Maßgenauigkeit ist mit die wichtigste Voraussetzung für professionellen Möbelbau. Damit z. B. bei einem Regal Seitenwände und Böden perfekt zueinander passen und kein Boden an irgendeiner Stelle übersteht, müssen alle Teile gleich breit gesägt werden. Exaktes Ausmessen und Anzeichnen – der Fachmann spricht vom Anreißen – ist dabei ein wichtiger Schlüssel zum Erfolg.

Schreinerwinkel
Neben Standardwerkzeugen wie Zollstock und Bleistift sind Schreinerwinkel aus dem Möbelbau nicht fortzudenken. Sie erleichtern es, exakte 90°- oder 45°-Winkel anzuzeichnen. Bei diesen Winkeln liegt der eine Schenkel bündig an der Seite an, während der andere auf dem Holz aufliegt. Auf den Schenkeln vieler Schreinerwinkel finden sich zudem Maßangaben, die das Anzeichnen von bestimmten Abständen auf dem Werkstück erleichtern. Die Winkel sind in verschiedenen Längen erhältlich.

Stahllineal
Um gerade Striche auf Holz zu zeichnen, ist ein Lineal unerlässlich. Besonders geeignet sind Stahllineale mit 50 cm Länge. Zum Verlängern von Linien erweist sich in der Praxis eine 1 m lange Aluminiumschiene als äußerst hilfreich. Sie ist leicht und lässt sich gut handhaben.

Rollbandmaße
Bei Einbaumöbeln muss man zunächst genau die Raummaße bestimmen, für die das Möbelstück hergestellt werden soll. Der Fachmann bezeichnet dies als Aufmaß.

Mit einer Schmiege können Sie jeden beliebigen Winkel ausmessen und auf ein Werkstück übertragen.

Bohrlehren helfen, Beschläge richtig anzubringen.

Vorteilhaft sind vor allem Rollbandmaße mit mindestens 3 m Länge, weil sich mit ihnen die meisten Raumhöhen in einem Messvorgang, ohne neu ansetzen zu müssen, bestimmen lassen. Außerdem sollte sich das Band dazu eignen Innenmaße zu ermitteln.
Bei digitalen Rollbandmaßen lassen sich dabei sogar Gehäuselängen oder Kantenbreiten automatisch hinzuaddieren.

Schmiege
In Nischen sollten Sie überprüfen, ob die Wände gerade gemauert sind. Das richtige Werkzeug dafür ist die Schmiege. Mit ihr lässt sich jeder beliebige Winkel ermitteln und anreißen.
Die flexiblen Schenkel der Schmiege können Sie vor Ort dem Raumwinkel entsprechend ausrichten. Dann stellen Sie die Schmiege fest. Der Winkel kann jetzt mit einem Winkelmaß abgelesen oder direkt auf ein Werkstück übertragen werden.

Streichmaß
Ein weiteres Spezialwerkzeug ist das Streichmaß. Es ermöglicht, parallele Markierungslinien selbst auf schmalen Kanten schnell und effektiv anzureißen. An einer verstellbaren Zunge befindet sich ein Dorn, der die Markierungslinie in das Werkstück ritzt. Zum Anzeichnen von Schlitzen und Zapfen setzen Profischreiner zudem ein Doppelstreichmaß ein.

Stechzirkel
Neben einem einfachen Streichmaß ist ein Stechzirkel sinnvoll, mit dem man Rundungen anreißen und kleinere Abstände präzise übertragen kann.

Bohrlehren
Für viele Beschläge bietet der Handel so genannte Bohrlehren an, die das Anzeichnen und Herstellen von Löchern erleichtern. Die Lehren können oftmals auch direkt als Führung genutzt werden, so z. B. beim Bohren von Löchern für Holzdübel.

Mit einem Schreinerwinkel lassen sich 90°-Winkel exakt anreißen.

Beim Möbelbau sollten Sie möglichst viele verschiedene Standardwerkzeuge zur Hand haben. Denn ob Hämmern, Schrauben oder Sägen – die Arbeiten erfordern immer wieder alle erdenklichen Werkzeuge.

Zwingen in verschiedenen Größen sind für das Verleimen unerlässlich.

Handwerkzeuge

Der Möbelbau setzt einen breiten Bestand an Handwerkzeugen voraus, denn ohne Hammer, Feile oder Schraubendreher lassen sich viele Aufgaben nicht lösen.
Neben den Standardwerkzeugen benötigt man zudem eine ganze Reihe von speziellen Werkzeugen, allen voran solche zur Holzbearbeitung.

Sägen

Bei den Handsägen unterscheidet man Fuchsschwänze von Rückensägen und Spezialsägen. Fuchsschwänze zeichnen sich durch ein flexibles Stahlblatt aus, das das Durchtrennen von Holz sehr vereinfacht. Die unentbehrlichen Werkzeuge gibt es in zwei verschiedenen Ausführungen mit speziell geformten Sägeblättern für Längs- und für Querschnitte.
Bei der Rückensäge ist das Blatt oben verstärkt. Dadurch ist sie weniger beweglich und lässt sich besser führen. Die wichtigste

Stemm- und Stecheisen dürfen in der Werkstatt nicht fehlen.

Rückensäge ist die Feinsäge für präzise Schnitte.
Runde Formen lassen sich am besten mit einer speziellen Formsäge ausführen. Sinnvoll ist vor allem auch eine Gehrungssäge für präzise Winkelschnitte.

Hobel

Hobel sind beim Glätten von Kanten unerlässlich. Man unterscheidet: Schropphobel zum Abtragen grober Späne; Schichthobel für das Grundglätten von Flächen und Putzhobel für die Feinbearbeitung.

Hobel sind die großen Klassiker in der Schreinerwerkstatt.

Mit Raspeln und Feilen glätten Sie Kanten und Aussparungen.

Raspeln und Feilen
Um Hölzer in Form zu bringen, benötigen Sie Raspeln und Feilen. Für die meisten Arbeiten ist eine 25 cm lange Halbrundraspel ausreichend. Feine Feilen eignen sich nicht nur für die Metall-, sondern auch für die feine Holzbearbeitung. In einer Schreinerwerkstatt sollte so auch eine 25 cm lange Feile nicht fehlen.

Stemm- und Stecheisen
Diese Werkzeuge benötigen Sie für das Ausnehmen von Hölzern z. B. bei Überblattungen (siehe S. 36). Das Stecheisen für die gröberen Arbeiten hat gerade Seiten, während das Stecheisen für das feinere Ausnehmen seitlich abgeschrägte, gefaste Kanten aufweist. Zur Ausrüstung einer Schreinerwerkstatt sollten die Werkzeuge in den Breiten 6, 10, 16 und 20 mm zur Verfügung stehen. Beachten Sie, dass diese Werkzeuge nur dann professionelle Ergebnisse ermöglichen, wenn sie sehr scharf sind.

Zwingen
Zwingen sind die wichtigsten Helfer beim Verleimen von Verbindungen. Je mehr Zwingen in verschiedensten Größen zur Verfügung stehen, desto besser. Neben kleinen Zwingen sollten mindestens zwei 100 cm lange Zwingen für den Korpusbau zur Verfügung stehen. Wenn Sie Schraubzwingen verwenden, sollten Sie darauf achten, dass an den Werkstücken keine Druckstellen entstehen. Dies verhindern Sie am besten, indem Sie ein Restholz beim Einschrauben zwischenlegen.
Besonders praktisch sind Klemmzwingen, bei denen Korkauflagen die Werkstücke schonen, sowie Einhandspannzwingen, die sich leicht handhaben und schnell spannen lassen.
Um größere Möbelstücke unter Druck zu halten, benutzt man handelsübliche Spanngurte.
Damit diese keine Kanten oder Ecken beschädigen, legt man so genannte Rahmenecken unter.

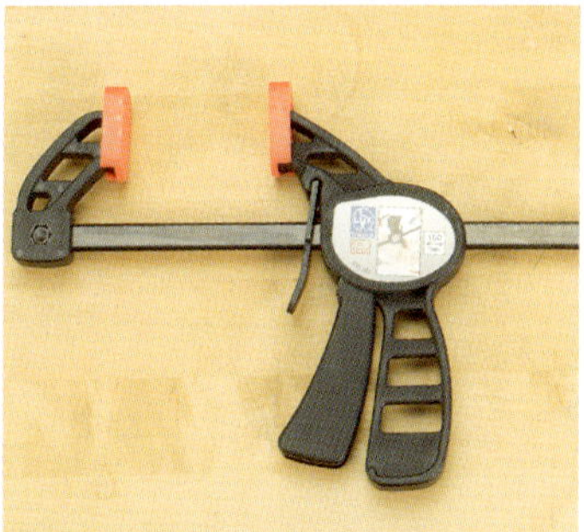

Einhandspannzwingen lassen sich leicht handhaben und spannen.

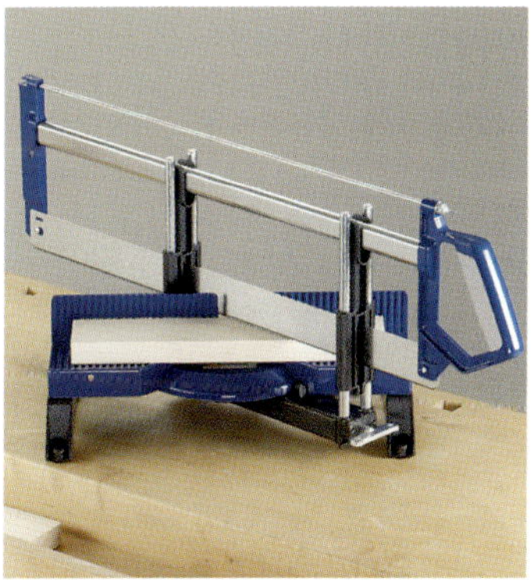

Eine Gehrungssäge erlaubt präzise Winkelschnitte.

Beim Arbeiten mit dem Fuchsschwanz sollte das Werkstück fest fixiert werden. Wenn keine Spannvorrichtung zur Verfügung steht, benutzt man eine Zwinge.

Bei einer Stichsäge kommt es auf eine gute Ausstattung an. Empfehlenswert sind Pendelhubsägen von Markenherstellern mit präziser Führung.

Elektrowerkzeuge für den Möbelbau

Ohne Elektrowerkzeuge ist moderner Möbelbau undenkbar. Die Hersteller bieten hier ein sehr breites Sortiment unterschiedlichster Geräte vom Akkuschrauber bis hin zur Oberfräse.
Wer professionellere Rahmenbedingungen schaffen möchte, sollte sich immer für Markengeräte entscheiden, auch wenn für die Werkzeuge tiefer in die Tasche gegriffen werden muss als für No-Name-Produkte. Die Vorteile sind:

- Markenhersteller bieten gesicherte Qualität.
- Ersatzteile sind schnell und vielerorts erhältlich.
- Im Reparaturfall ist für guten Service gesorgt.
- Durch ein breites Angebot an Zubehör und Zusatzgeräten lässt sich das Einsatzspektrum bei vielen Geräten preiswert erweitern.

Stichsäge
Bei den elektrischen Kleinwerkzeugen ist die Stichsäge das wichtigste Arbeitsgerät für den Zuschnitt. Im Gegensatz zur Tischkreissäge ermöglicht sie es, Rundungen zu sägen und Stücke mitten aus einer Platte herauszuschneiden. Wichtig ist ein Pendelhub: Die Pendelung verteilt durch ihre elliptische Bahn den Druck auf den gesamten Sägeweg und sorgt so für einen leichten, schnellen Sägefortschritt. Eine Hubzahlsteuerung ermöglicht langsames Ansägen mit geringer und zügiges Weitersägen mit voller Hubzahl. Ein SDS-Wechselsystem erlaubt werkzeugloses Wechseln von Sägeblättern.

Handkreissägen
Handkreissägen sind die preiswerte Alternative zur Tischkreissäge. Sie sollten eine ausreichende Leistung aufweisen (über 1000 Watt) und am besten elektronisch gesteuert sein. Die Säge hält dann die eingestellte Drehzahl auch unter Belastung konstant. Beim Möbelbau ist eine möglichst präzise Führung unerlässlich. Die Markenhersteller bieten hier sehr sinnvolles Zubehör wie z. B. Anschläge und Führungsschienen.

Elektrohobel
Ein Elektrohobel vereinfacht es erheblich, Kanten und Latten sauber abzuziehen. Auch hier ist eine elektronische Steuerung von Vorteil, da sie für eine konstante Hobelgeschwindigkeit sorgt. Für den Möbelbau ist zudem eine Abricht- und Dickenhobelvorrichtung empfehlenswert, durch die der Hobel stationär genutzt werden kann.

Bohrmaschine
Ob Löcher für Holzdübel gebohrt oder Schrauben fest angezogen werden sollen – eine Bohrmaschine darf in der Werkstatt nicht fehlen.
Bei den Geräten kommt es nicht so sehr auf die Leistung an – hier reicht ein Potenzial von 600 bis 750 Watt vollkommen aus. Viel wichtiger sind Handhabung und Zubehör. Die Maschine sollte sicher in der Hand liegen und sich gut und leicht bedienen lassen. Empfehlenswert sind Drehzahl- und Drehkraftvorwahl für gleichmäßiges und bündiges Eindrehen. Schnellspannfutter sowie Rechts- und Linkslauf sollten selbstverständlich sein. Fürs Bohren selbst sollten Sie ausschließlich Holzbohrer einsetzen – sie erleichtern es mit ihrer Zentrierspitze, präzise anzubohren. Neben Standardbohrern benötigen Sie vor allem für den Schrankbau spezielle Topfbohrer.

Akkuschrauber
Ein Akkuschrauber erleichtert das Schrauben und – bei hoher Leistung und weichem Material – zudem auch das Bohren in Holz.
Er ist die handliche Ergänzung, aber keine Alternative zur Bohrmaschine.

Schleifmaschinen

Die Oberflächenbehandlung ist ein weiteres zentrales Aufgabenfeld für Elektrowerkzeuge. Vier Alternativen stehen zur Wahl:

- Schwingschleifer
- Bandschleifer
- Exzenterschleifer
- Deltaschleifer

Jedes Gerät zeichnet sich dabei durch spezifische Vorteile aus: Mit einem Schwingschleifer lassen sich gut große Flächen abschmirgeln, mit einem Exzenterschleifer hingegen Rundungen, mit einem Deltaschleifer Ecken und mit einem Bandschleifer dicke Schichten. Im optimalen Fall hat man alle Geräte griffbereit – für den Anfang reicht ein Schwingschleifer. Da beim Arbeiten mit diesen Geräten sehr feiner Schleifstaub entsteht, sollten Sie eine Absaugung anschließen können.

Absaugungen

Sägespäne und Staub sind nicht nur lästig, sondern auch gesundheitsgefährdend. Staubfangbeutel, die auf manche Maschinen aufgesteckt werden können, verringern die Verschmutzung. Effektiver ist jedoch der Anschluss an einen Sauger. Dazu bietet der Handel spezielle Schläuche an, für die es auch Adapter zu handelsüblichen Staubsaugern gibt. Komfortables Absaugen ermöglichen rollbare Allzwecksauger. Besonders praktisch sind hier Geräte mit Fern-Einschaltautomatik. Wird die angeschlossene Säge oder Schleifmaschine angestellt, startet automatisch auch der Sauger. Das Angebot runden teure, professionelle Absauger für Schreinereien ab.

Oberfräse und Co.

In der erweiterten Möbelschreinerei finden sich viele weitere Elektrowerkzeuge. Aber ob Drehbank oder Oberfräse – für den Anfang sind solche Geräte nicht erforderlich. Steigt allerdings der Anspruch an die handwerkliche Qualität, ist der Ausbau des Werkzeugparks natürlich sinnvoll.

Eine Handkreissäge erlaubt gerade Schnitte, wenn sie an einem Anschlag geführt wird.

Der Schwingschleifer ist das wichtigste Schleifgerät in einer Schreinerwerkstatt.

Eine Absaugvorrichtung sorgt für saubere Luft und weniger Schmutz beim Arbeiten mit Holz.

Ein Exzenterschleifer ist nicht nur für das Schleifen geeignet, sondern auch für Polieraufgaben.

Der Elektrohobel vereinfacht es vor allem, lange Holzlatten sauber abzuziehen.

Der Bandschleifer lässt sich flexibel einsetzen und eignet sich genauso für große wie für kleine Flächen.

Eine Bohrmaschine ist für Bohraufgaben und das Anschrauben unerlässlich.

Der Deltaschleifer ist das richtige Werkzeug, um für glatte Flächen in Winkeln zu sorgen.

Die Arbeitsvorbereitung

Am Anfang steht die konkrete Bedarfsanalyse

Wer sich dem Möbelbau zuwendet, hat in der Regel schon eine grobe Vorstellung von dem Möbelstück, das entstehen soll. Doch Regal ist nicht Regal: Ob für die Küche, für CDs oder für Bücher – je genauer man die Nutzung im Vorfeld definiert, desto leichter fällt die Planung. Aber auch das Möbelstück an sich gewinnt an Wert, da es perfekt auf den beabsichtigten Aufstellungs- oder Einbauort abgestimmt werden kann. Die beiden Grundfragen einer Planung lauten dementsprechend:

- Welche Funktion soll das Möbelstück konkret erfüllen?
- Wo genau soll das Möbelstück aufgestellt werden und gilt es, für die Aufbauposition bestimmte Maße einzuhalten?

Die Funktion

Form follows function – dies ist einer der wesentlichen Grundsätze guten Designs. Dass die Form auf die Funktion abgestimmt sein sollte, ist dabei auch ein wesentlicher Schlüssel zu gutem Möbelbau. Wenn Sie z. B. ein CD-Regal errichten möchten, dann ist es sinnvoll, für den Abstand zwischen den Böden die CD-Höhe als Grundmaß zu nehmen.

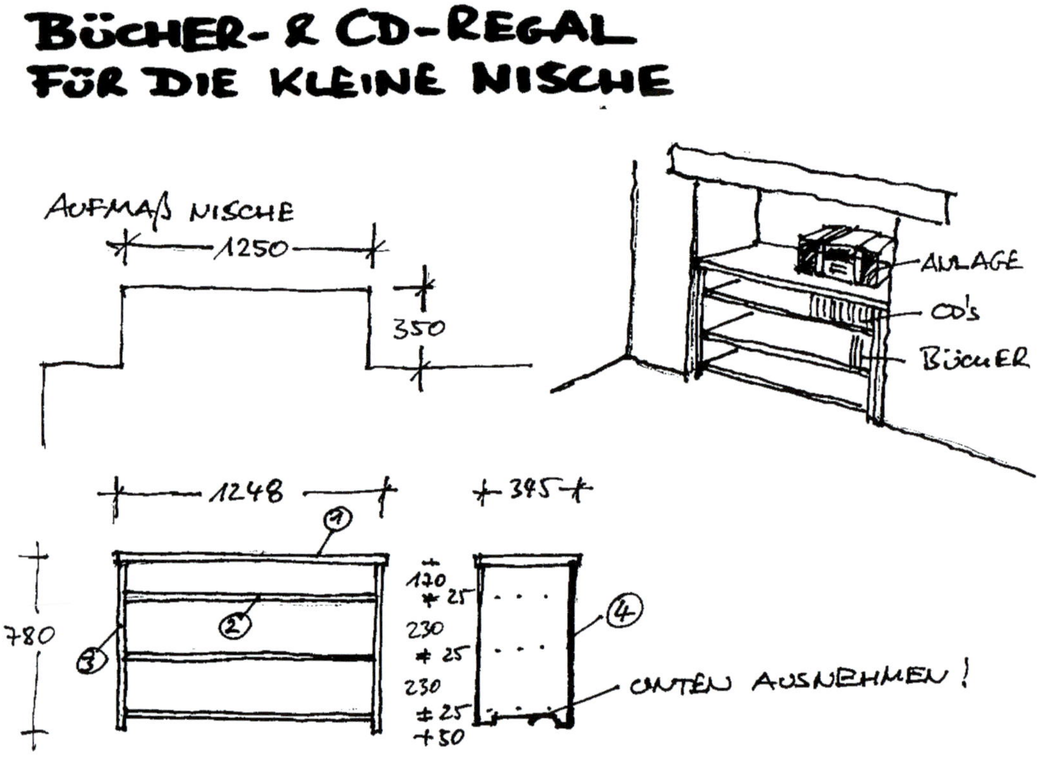

Je genauer die Funktion und der Einbauort des Möbelstücks festgelegt werden, desto leichter fällt die Planung.

2000
400
Persönliche Notizen:
1200

CDs sind ca.12,5 cm hoch – die Idealhöhe für die Einstellfläche beim CD-Regal liegt dementsprechend zwischen 13 und 15 cm. Bei einem Bücherregal wäre dieser Abstand zu gering, denn schon Taschenbücher sind wesentlich höher (ca. 20 cm). In Bezug auf die Tiefe ist es hingegen genau anders herum: Bei 15 cm Stelltiefe steht die CD perfekt im Regal – bei Taschenbüchern reichen 12 cm. Der Vergleich verdeutlicht, wie wichtig es ist, schon bei der Planung nach der Funktion zu fragen. Nur so lassen sich Möbelstücke optimal dimensionieren.

Das Aufmaß
Wenn zudem noch feststeht, wo das Möbelstück aufgestellt werden soll, ist eine perfekte Planung möglich. Voraussetzung dafür ist allerdings, die Ein- oder Aufbauposition exakt auszumessen – der Fachmann spricht vom Aufmaß. Das klingt leichter, als es sich in der Praxis gestaltet: Vor allem, wenn Möbelstücke für Nischen geplant werden, sollte mehrmals auf verschiedenen Höhen gemessen werden. Denn oft verlaufen Wände nicht gerade – und dann fallen Maße an Decke und Boden unterschiedlich aus.
Bei schiefen Wänden gilt es zudem, die entsprechenden Winkel exakt zu bestimmen. Dabei hilft eine Schmiege (siehe S. 17). Die ermittelten Daten halten Sie in einem Grundriss fest. Er bildet zusammen mit der Funktionsanalyse die Grundlage für die Entwurfsskizze.

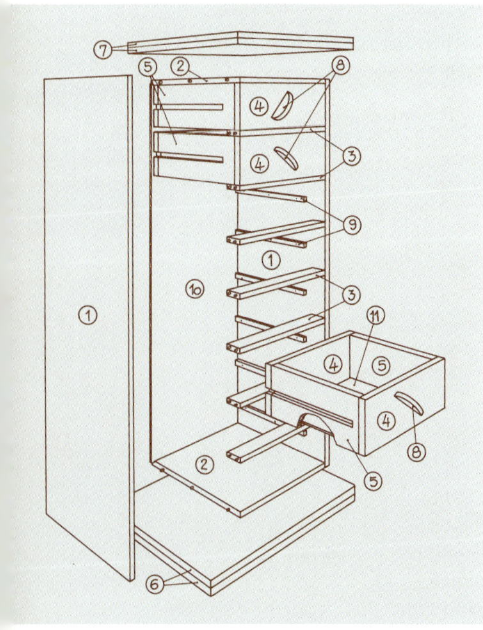

Eine genaue Bauzeichnung erleichtert den Bau auch aufwändigerer Möbelstücke

Die Planungsskizze

Der eigentliche Entwurf des neuen Möbelstücks definiert in groben Zügen zunächst die Grundform und das Aussehen des Möbelstücks. Dazu fertigt man Planungsskizzen an, die so lange verändert werden, bis die perfekte Form feststeht.
Die Skizze übernimmt vielfältige Funktionen. Sie dient dazu:

- die Vorstellung vom Möbelstück zu konkretisieren,
- den Arbeitsumfang einschätzen zu können,
- Fehler und Unwegsamkeiten in der Planung frühzeitig erkennen zu können,

- das Aufstellen der Materialliste zu erleichtern,
- die Kosten für Material überschlagen zu können,
- evtl. andere Menschen in die Planung mit einbeziehen zu können.

Hilfreich dabei sind Grundkenntnisse in perspektivischem Zeichnen. Wer dies nicht beherrscht, sollte am besten zwei Skizzen anlegen: eine, die die Aufsicht von oben zeigt, und eine zweite, die die Ansicht von vorn wiedergibt. Neben der Grundform sollte der Entwurf folgende Fragen berücksichtigen:

- Aus welcher Holzart sollen die sichtbaren Flächen hergestellt werden?
- Ist es sinnvoll – z. B. aus Kostengründen – nicht sichtbare Teile wie z. B. die Rückwand eines Schrankes aus preiswerteren Materialien herzustellen?
- Wie sollen die einzelnen Elemente miteinander verbunden werden, z. B. mit Schrauben oder Dübeln (siehe auch Kapitel „Holzverbindungen", ab S. 30). Und: Wie kann ich sichtbare Verbindungstechnik (z. B. sichtbare Schraubenköpfe) vermeiden, damit das Möbelstück professionell wirkt?
- Können alle Arbeiten mit den vorhandenen Werkzeugen oder Arbeitsvoraussetzungen ausgeführt werden?

Je nach Art, Funktion und Aufbauort können sich weitere Fragen ergeben. Hilfreich ist dabei vor allem, sich alltägliche Handlungsabläufe im Zusammenhang mit dem Möbelstück vorzustellen. Türen und Schubladen sollten sich leicht öffnen lassen und nicht zu groß und damit zu schwer ausfallen.
Bei größeren Möbelstücken sollten Sie bedenken, ob und wie das Möbelstück später an den ihm zugedachten Platz gelangen kann. So lassen sich z. B. größere, festverleimte Schränke oftmals nicht durch Treppenhäuser transportieren. Bei der Planung gilt es so zu

berücksichtigen, ob aus Transportgründen lösbare Verbindungen (siehe auch S. 37) vorgesehen werden müssen.

Bauplan

Ist die Planung abgeschlossen, erstellt man einen konkreten Bauplan. Dieser zeigt genau auf, welche Materialien benötigt und welche Hölzer wie eingesetzt werden. In der Skizze sind zudem alle Maßangaben eingezeichnet. Da der Plan als Arbeitsgrundlage in der Werkstatt dient, nach dem zugeschnitten und zusammengebaut wird, sollte er so präzise wie möglich ausgeführt werden.
Das Zeichnen eines Bauplans vereinfacht ein Zeichenbrett mit verschiebbaren Linealen und Winkeln. Die Zentimeterskala erleichtert es, maßstabgetreu zu arbeiten. Bei kleineren Werkstücken bis maximal 1 m Größe plant man auf DIN-A-4-Bögen im Maßstab 1:5. Dabei entsprechen 2 cm auf der Skizze 10 cm beim Möbelstück. Bei größeren Werkstücken wie z. B. einem raumhohen Regal arbeitet man mit einem Maßstab von 1:10; dann entspricht 1 cm auf dem Papier 10 cm in natura. Maßstabgetreues Zeichnen fällt auf Millimeterpapier besonders leicht. Übersichtliche und genaue technische Zeichnungen zu erstellen, erfordert Wissen und Übung, vor allem dann, wenn man eine Explosionszeichnung anlegen möchte. Diese zeigt das aus seinen Einzelteilen zusammengesetzte Möbelstück. Die einzelnen Elemente sind dabei der Übersicht halber leicht versetzt zueinander dargestellt.

Planung am Computer

Das Anlegen einer solchen Zeichnung oder eines Bauplans fällt vielen Menschen am Computer wesentlich leichter als am Zeichenbrett. Die für die Planung eines Möbelstücks erforderlichen Programme müssen nicht sehr umfangreich sein. Schon mit einem professionellen Textverarbeitungsprogramm wie Word lassen sich einfache Zeichnungen anlegen.
Für Baupläne besonders geeignet sind Grafikprogramme, die es zum Teil auch als Free- oder Shareware gibt. Spezielle Programme für technische Zeichnungen (CAD-Programme) erlauben zwar weitaus detaillierteres und professionelleres Planen als Grafikprogramme, sind aber für die Visualisierung von Möbelstücken letztlich nicht notwendig. Die zumeist sehr umfangreichen Programme sind in der Regel relativ teuer und erfordern längere Einarbeitungszeit.

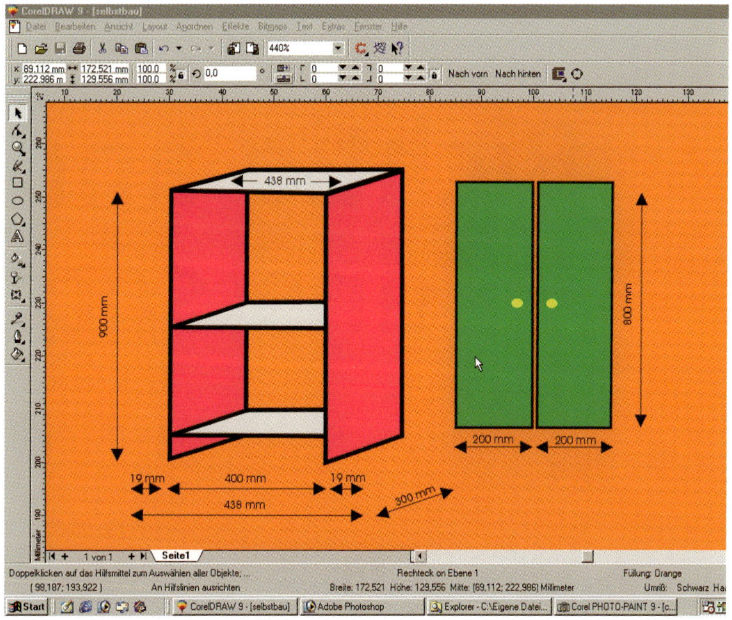

Grafikprogramme erleichtern es, Pläne am Computer zu entwerfen. Einfache Zeichnungen sind sogar schon mit Textverarbeitungsprogrammen möglich, die aber nicht so viele Möglichkeiten wie die Grafikprogramme bieten.

Die Materialliste

Auf Basis des Bauplans stellt man nun die Materialliste zusammen. Sie umfasst:

- die Anzahl der benötigten Hölzer mit genauen Angaben zu Breite (B), Höhe (H) und Tiefe (T),
- die Art und Anzahl der benötigten Schrauben, Dübel und Nägel,
- die Art und Anzahl der benötigten Beschläge.

Auch hier gilt: Die genaue Vorbereitung sichert den Erfolg. Denn so präzise man auch den Bauplan zeichnet – viele wichtige Materialien werden in ihm normalerweise nicht erfasst. So gibt er z. B. keinen Aufschluss über die benötigte Leimmenge. Deshalb sollte man sich vor Beginn der Arbeiten immer noch einmal vergewissern, ob alle Materialien griffbereit sind.

Das Werkzeug

Auch beim Werkzeug gilt es, bereits in der Vorbereitungsphase sicherzustellen, dass man alles Benötigte zur Hand hat. Das bezieht sich nicht nur auf die Werkzeuge an sich, sondern vor allem auf Zubehör und Ersatzteile: Sind alle Sägeblätter noch ausreichend scharf? Stehen Ersatzsägeblätter zur Verfügung? Ist der Bohrersatz noch vollständig? Diese Fragen sind für den Erfolg der Arbeit genauso wichtig wie die Materialfragen.

Richtig anreißen und sägen

Der Zuschnitt entscheidet über den Erfolg

Am Anfang jedes Möbelbauvorhabens steht der Zuschnitt von Kanthölzern, Bohlen oder Platten. Konzentration und Genauigkeit führen hier zum Erfolg: Nur wenn die benötigten Maße richtig übertragen und angerissen werden, passen am Ende alle Teile zusammen.
Für das Ausmessen und Anreißen sollten Sie sich deshalb Zeit nehmen und in Ruhe arbeiten. Überdenken Sie beim Übertragen der Maße vom Bauplan auf die Materialien ihre Arbeit immer wieder und messen Sie jede eingezeichnete Schnittkante nach.
Sorgsames Arbeiten ist hier vor allem deshalb wichtig, weil sich Fehler meist unmittelbar auf den Geldbeutel auswirken: Denn wer falsch sägt, muss in der Regel Material nachkaufen – und vor allem bei Vollhölzern kann das aufgrund des hohen Materialpreises ein teures Vergnügen werden. Grundsätzlich sollten Sie zunächst alle Teile auf die richtige Länge bringen. So wissen Sie von Anfang an, ob der Materialbedarf richtig berechnet wurde.

Wenn Sie mit der Handkreissäge gerade Schnitte erzielen möchten, müssen Sie entlang einer Führung – hier ein Alu-L-Profil – sägen.

Der präzise Anriss

Genaues Messen und Zeichnen ist beim Anriss das A und O. Linien frei Hand zu zeichnen sollten Sie Künstlern überlassen – präzises Anzeichnen ist beim Möbelbau nur mit Maß und Zeichenhilfe möglich. Um präzise Schnittlinien erzeugen zu können, sollten Sie auf jeden Fall einen 90°-Schreinerwinkel und ein Lineal zur Hand haben (siehe auch S. 16).
Das Sägeblatt selbst nimmt – je nach Art und Ausführung der Säge – bis zu 3 mm Material ab. Wer demnach exakt auf der eingezeichneten Linie sägt, kürzt das Werkstück um 1 bis 1,5 mm zu viel ein. Deshalb sägt man immer entlang der aufgezeichneten Linie. Dabei kommt es darauf an, die Säge auf der richtigen Seite anzusetzen – ansonsten sind es gleich bis zu 3 mm, die man zu viel absägt.
Um dies zu vermeiden, zeichnet man nach dem Ausmessen und Anreißen der Schnittlinie auf, von welcher Seite aus die Säge an der Schnittkante entlang geführt werden muss. Profis markieren diese Seite durch Pfeile, die in Richtung der Schnittkante zeigen.

BOSCH
PKS 46

Saubere Schnittkanten entstehen nur auf der Unterseite.

Eine Unterlage – hier dünnes Sperrholz – verhindert weit gehend, dass die Schnittkante auf der beschichteten Platte ausfranst.

Auf der Seite, auf der die Säge geführt wird, franst das Material aus.

Die Tischkreissäge nimmt beim Sägen ca. 3 mm Material ab.

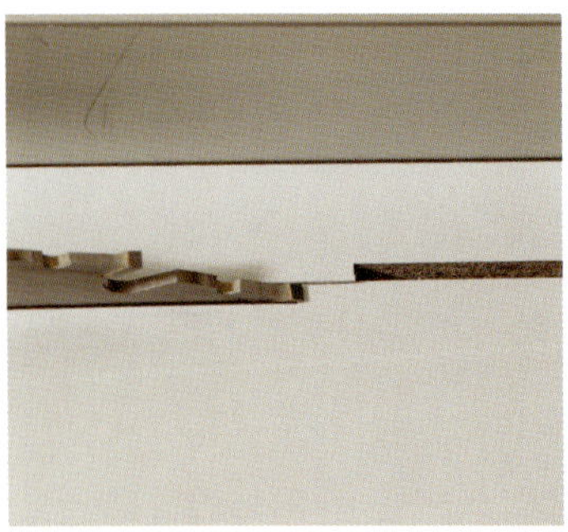

Bei falsch gesägten Seiten treffen sich die Schnittkanten nicht.

Tipps zum Sägen

Es ist nicht gleichgültig, auf welcher Seite eines Werkstücks Sie die Säge ansetzen. Grundsätzlich ist es immer besser, das Werkzeug auf der Rückseite zu führen. Vor allem bei empfindlichen Oberflächen verringern Sie so die Gefahr, dass beim Sägen Schrammen oder Dellen entstehen, die später die sichtbare Fläche verunzieren. Beschichtete Platten sollten Sie grundsätzlich auf der Rückseite sägen. Bei Standardsägen franst nämlich die Schnittkante, auf der gesägt wird, leicht aus – ein sauberer Schnitt entsteht nur auf der Rückseite. Das Ausfransen können Sie weit gehend verhindern, indem Sie beim Sägen ein Reststück unterlegen. Besonders geeignet sind z. B. dünne Sperrholzreste. Verfügen Sie nicht über eine Tischkreissäge, sind gerade Schnitte nur dann möglich, wenn Sie entlang einer Führung sägen. Dazu eignet sich besonders gut ein 1 m langes, L-förmiges Aluminiumprofil. Es ist nicht nur besonders leicht, sondern auch sehr handlich. Durch die L-Form steht eine sehr hohe und damit deutliche Führung zur Verfügung. Kleinere Werkstücke lassen sich oft mit Handwerkzeugen wesentlich einfacher und genauer bearbeiten als mit elektrischen. So können Sie beispielsweise kleine Leisten mit einer Gehrungssäge leichter winkelgenau kürzen als mit einer Stichsäge.

Beim Anreißen markiert man, von welcher Seite aus gesägt wird.

Sicherheit ist beim Sägen oberstes Gebot

Beim Sägen sollte Ihre persönliche Sicherheit an oberster Stelle stehen. Beachten Sie bitte vor allem folgende Hinweise:
Grundsätzlich sollten Sie bei elektrischen Maschinen zunächst alle Sicherheitsvorschriften einhalten, die der Werkzeughersteller vorgibt. Dies gilt insbesondere für Kreis- und Tischkreissägen, weil hier die Gefahr von gravierenden Verletzungen besonders groß ist.
Beim Zuschnitt mit Handsägen sowie mit Stich- und Kreissäge sollte das zu bearbeitende Werkstück sicher und fest eingespannt sein. Größere Platten fixieren Sie mit Zwingen, kleinere Werkstücke spannen Sie in einen Schraubstock ein. Durch das Befestigen minimieren Sie die Gefahr, dass das Werkstück wegrutscht und Sie dadurch die Kontrolle über das Werkzeug verlieren.
Bei Tischkreissägen oder eingespannten Kreissägen sollten Sie peinlich genau darauf achten, dem rotierenden Sägeblatt vor allem mit den Händen nicht zu nahe zu kommen.
Arbeiten Sie grundsätzlich nur mit der Maschine, wenn ein Spaltkeil eingespannt wurde. Das Werkstück sollte nur mit einem Schiebestock am Sägeblatt geführt werden. Zudem sollte die Schutzabdeckung wenn möglich geschlossen sein. Achten Sie ferner darauf, dass das Sägeblatt beim Sägen nicht weiter als daumenbreit über das Werkstück hinausragt.
Verletzungsgefahren verringern Sie darüber hinaus durch das Tragen von Sicherheitskleidung. Handschuhe schützen vor kleineren Verletzungen – und das nicht nur beim Sägen, sondern z. B. auch beim Umgang mit grobem Holz. Die Handschuhe verhindern, dass sich Sägespäne tief und schmerzhaft in Finger oder Hand bohren. Sicherheitsschuhe oder festes Schuhwerk können nicht nur gegen herunterfallendes Material schützen, sondern auch vor unkontrolliertem Werkzeug. Nicht zu unterschätzen ist auch die Gefahr für die Augen durch aufgewirbelte Sägespäne. Hier können Sie sich einfach und effektiv durch das Tragen einer Schutzbrille schützen. Eine Staubmaske schützt zudem vor dem Einatmen feinster Staub- und Schmutzpartikel.
Bei Hand-, Stich- und Kreissägen kommt es darauf an, dass diese sicher gehalten und geführt werden und nicht unkontrolliert ausschlagen können. Besondere Gefahr besteht beim Ansägen, wenn vor allem elektrische Maschinen nicht ausreichend festgehalten werden. Während des Sägens dämmen Sie das Verletzungsrisiko ein, indem Sie das Werkzeug fest gegen das Werkstück und – sofern vorhanden – gegen die Führung drücken. So entstehen übrigens außerdem sehr saubere Schnitte.
Gefahr besteht nicht nur für Sie, sondern auch für andere. Selbstverständlich sollten sich beim Sägen keine Kinder in der Nähe aufhalten.
Vergewissern Sie sich zudem, dass keine Gefahr durch abgesägte Teile entsteht und z. B. niemandem größere Reststücke auf die Füße fallen können. Helfer sollten Sie nur mit elektrischen Sägen arbeiten lassen, wenn sie den Umgang mit den Maschinen beherrschen oder entsprechend eingewiesen wurden.

Das Sägeblatt sollte nicht zu weit über das Werkstück hinausragen.

Bei der Arbeit mit der Tischkreissäge sorgen Spaltkeil und geschlossene Schutzabdeckung für Sicherheit.

Techniken zur Holzverbindung

Ohne Verbindungen ist kein Möbelbau möglich

Als Verbindungen bezeichnet man beim Möbelbau alle Arten, Hölzer dauerhaft zusammenzufügen. Hierbei unterscheidet man verschiedene Methoden und Konstruktionen: Das Spektrum reicht vom einfachen Aufeinandersetzen von Platten (stumpfe Verbindung) bis hin zu präzise gefertigten Schwalbenschwanzverbindungen. Ohne solche Verbindungen lässt sich kein Möbelstück bauen: Ganz gleich, ob Sie ein einfaches Regal oder einen großen Schrank errichten möchten: Immer müssen Hölzer zusammengefügt werden. Die Verbindungstechnik ist so neben dem Zuschnitt eine weitere zentrale Aufgabe beim Schreinern.

Die wichtigsten Verbindungen im Überblick

Die stumpfe Verbindung, die mit Runddübeln stabilisiert wird, ist die gängigste Verbindungsform.

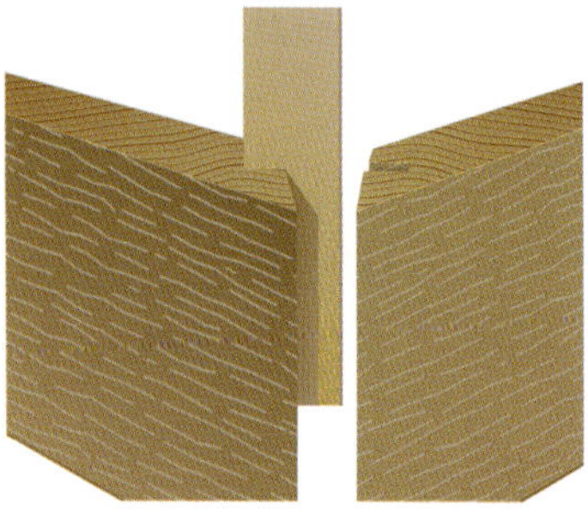

Bei der Nut- und Federverbindung werden die Teile mit einer Nut versehen und durch die Feder verbunden.

Bei der gefalzten Verbindung greifen beide Teile des Werkstücks ineinander.

Dekorativ und sehr belastbar – aber auch schwer herzustellen – sind Schwalbenschwanzverbindungen.

Welche Verbindung Sie verwenden sollten, ist von der Größe der Verbindungsflächen, der Höhe der späteren Belastung sowie von den handwerklichen und technischen Rahmenbedingungen abhängig. Wenn Sie z. B. sehr große Platten miteinander verbinden möchten, sollten Sie eine einfache Verbindungstechnik wählen, um den Aufwand gering zu halten. Ein Bücherregal ist wesentlich höheren Gewichten ausgesetzt als ein Gewürzregal – entsprechend stabiler müssen die Verbindungen hier sein. Für das Bohren eines Holzdübellochs benötigen Sie lediglich eine Bohrmaschine – für eine Schwalbenschwanzverbindung hingegen kommen Sie ohne eine Oberfräse nicht aus.

Einfache und haltbare Konstruktionen

Eine professionelle Verbindung zeichnet sich nicht nur durch Festigkeit, sondern vor allem auch durch Passgenauigkeit aus. Die Arbeit wirkt nur dann gelungen, wenn nichts schief zusammengebaut wird und keine Hölzer überstehen. Wer mit dem Möbelbau beginnt, sollte so zunächst Verbindungstechniken wählen, die sich einfach herstellen lassen. Dies sind allen voran stumpfe Verbindungen. Wenn Sie über eine Tischkreissäge verfügen, empfehlen sich darüber hinaus Nut- und Federverbindungen sowie einfache Verzapfungen.

Ein eingeleimter dreieckiger Klotz vergrößert die Leimfläche.

Fürs senkrechte Bohren in die Kante gibt es spezielle Dübellehren mit einem breiten, arretierbaren Anschlag.

Stumpfe Verbindungen

Eine stumpfe Verbindung an sich hält noch keine Möbelteile zusammen: Der Ausdruck bedeutet lediglich, dass die Platten mit geraden Schnittflächen aneinander gefügt werden. Jede stumpfe Verbindung muss also verfestigt werden.
Grundsätzlich werden die Möbelteile verleimt. Das Einstreichen der sich berührenden Flächen mit dem Klebstoff allein reicht aber nicht aus, um der stumpfen Verbindung ausreichend Halt zu geben. Es müssen zusätzliche konstruktive Maßnahmen ergriffen werden, um eine belastbare und dauerhafte Verbindung herzustellen.

Dreieckige Verstärkung
Eine Möglichkeit ist, in Ecken einen Dreiecksklotz einzusetzen. Dieser vergrößert die Leimfläche erheblich und stabilisiert so die Verbindung nachhaltig (siehe Foto).

Zunächst verleimen Sie die Plattenflächen und lassen den Leim unter Druck austrocknen. Dann streichen Sie mit einem Pinsel den Klotz mit Leim ein, setzen ihn in die Ecke und schieben ihn dabei mehrmals leicht nach oben und unten. Durch das Hin- und Herschieben entsteht Adhäsion, die den Klotz in die Ecke zieht. Während der Trockenphase des Leims ist so kein weiterer Anpressdruck erforderlich.
Der Klotz stabilisiert die Verbindung lediglich – bei größeren Belastungen reicht diese Verstärkung jedoch allein nicht aus.

Runddübel aus Holz
Holzdübel sind die meistgenutzte Methode, stumpfe Verbindungen zu verfestigen – und dies aus mehreren Gründen:

- Es entstehen sehr stark belastbare Verbindungen.
- Die Dübel sind sehr preiswert.
- Es gibt sie in verschiedenen Durchmessern für unterschiedliche Plattenstärken.

Das Verdübeln ist allerdings nicht ganz einfach: Die Dübellöcher müssen sich exakt gegenüberliegen – nur dann schließen die zu verbindenden Teile bündig und gerade miteinander ab. Dies wiederum setzt exaktes Messen und Anreißen voraus.
Zudem muss genau gerade gebohrt werden – andernfalls sitzt der Dübel schief und die Möbelbauteile lassen sich nicht zusammenstecken.

Markierungsspitzen gibt es für alle gängigen Dübelstärken.

Die Löcher für die Dübel sollten genau so ausgebohrt werden, dass der Dübel bis zur Hälfte hineingeschoben werden kann.

Beim Verdichten mit dem Hammer benutzt man ein Schlagholz.

In die Löcher füllt man etwas Leim aus der Tube.

Der Leim drückt sich durch die Rillen des Dübels nach oben.

Bohrpositionen anreißen
Mit dem Anreißen beginnt man an der flachen Stirnseite des anzusetzenden Werkstücks. Hier wird die Stärke der Platte ermittelt (z. B. 22 mm) und die Bohrlinie mittig mit dem Streichmaß angerissen (11 mm). Dann legt man das Streichmaß am Gegenstück an und markiert auch hier die Bohrlinie. Jetzt werden die Abstände der beabsichtigten Bohrungen exakt gemessen und auf beiden Werkstücken entsprechend angezeichnet. Bevor Sie zum Bohrer greifen, sollten Sie durch Gegenüberlegen und Nachmessen sicherstellen, dass die Bohrpositionen richtig angerissen sind.
Alternativ kann man die Dübelpositionen mit so genannten Markierspitzen auf das Gegenstück übertragen. Die kleinen Helfer sind in allen gängigen Dübelgrößen erhältlich. Auf der einen Seite passen sie exakt in ein Dübelloch. Auf der anderen Seite befindet sich eine Metallspitze. Wird nun das Gegenstück aufgedrückt, werden durch die Spitze die Bohrpositionen angerissen.

Bohren und Dübeln
Das gerade Bohren erleichtert eine Dübellehre mit breitem Anschlag. Mit einem Bohrständer lassen sich die Bohrungen in der waagerechten Platte präzise ausführen. Das Verwenden des Ständers ist allerdings nur selten an den Stirnseiten möglich, da die Platten meist zu breit sind, um sie unter den Ständer zu bringen.
Optimal für Dübellöcher ist eine Tiefe, die 1 bis 2 mm über der halben Länge des Dübels liegt. Damit nicht zu tief gebohrt wird, können Sie den Anschlag an der Bohrmaschine entsprechend einstellen oder aber am Bohrer einen Tiefenanschlag (spezieller Markierungsring) ansetzen. Auch Distanzklötzchen helfen effektiv.

Die Spitzen werden in das Bohrloch an der Stirnseite eingesteckt.

Durch Aufeinanderlegen der Bauteile und festes Andrücken markieren die Spitzen die Bohrpositionen auf dem Gegenstück.

Die Nut stellen Sie mit der Tischkreissäge her. Als Feder eignen sich passend zugeschnittene dünne Sperrholzstreifen oder Flachdübel.

Auch diese Verbindung wird verleimt. In der Trockenphase sorgen Zwingen für den nötigen Anpressdruck.

Um die Dübel zu verleimen, drückt man etwas Holzleim aus der Tube in beide Dübellöcher.
Durch das Eindrücken des Dübels und das Ineinanderstecken der Möbelteile wird der Leim in die Riffel des Dübels gepresst. Alternativ kann man den Dübel auch in einen Leimtopf tauchen.
Wenn die Platten sich nicht leicht ineinander schieben lassen, können Sie die Verbindung durch leichte Schläge mit Gummi- oder Holzhammer verdichten. Die Werkstücke müssen während der Trockenphase mit Zwingen oder Spanngurten auf Druck gehalten werden – nur so entsteht eine äußerst belastbare Verbindung.

Nut- und Federverbindung

Für all diejenigen, die über eine Tischkreissäge mit Anschlag verfügen, sind Nut- und Federverbindungen eine einfache Alternative zu Runddübeln. Der Vorteil liegt darin, dass die Fehlerquellen sowohl beim Anreißen als auch beim Ausführen der Verbindung minimiert werden.
Das Prinzip ist einfach: Sowohl Höhen- als auch Breitenverstellung der Tischkreissäge werden auf halbe Materialstärke ausgerichtet. Ist die zu verbindende Platte 22 mm stark, sollte das Sägeblatt also ca. 11 mm aus dem Tisch herausragen und genauso weit vom Anschlag entfernt sein. Dann sägt man in beide zu verbindenden Werkstücke jeweils eine Nut. Deren Breite entspricht damit der Stärke des Sägeblatts.
In die Nut setzt man nun eine entsprechend breite Feder oder einen Flachdübel ein. Die Feder kann man aus dünnem Sperrholz leicht selbst herstellen. Wenn die Feder für die Nut zu breit sein sollte, vergrößern Sie die Nut: Dazu schneiden Sie die Nut mit der in der Breite leicht verstellten Tischkreissäge weiter ein.
Statt zu sägen, können Sie die Nut auch fräsen.

Bei einer gefalzten Verbindung nehmen Sie zunächst die Nut aus.

Auch die Falz selbst stellen Sie mit der Tischkreissäge her.

Die Falz wird so zugeschnitten, dass sie bündig in die Nut greifen kann. Auch diese Verbindung wird verleimt.

Gefalzte Verbindung

Wer über eine präzise arbeitende Tischkreissäge verfügt, kann auch gefalzte Verbindungen für den Möbelbau nutzen. Diese sind besonders belastbar.
Die Verbindung erstellen Sie ähnlich wie eine Nut- und Federverbindung. Nut und Falz sind dabei lediglich etwas breiter als bei einer Nut- und Federverbindung.
Zum Fräsen der Nut führen Sie das Holz mehrmals leicht versetzt über die Kreissäge. Aus statischen Gründen sollte die Nut halb so breit sein wie die Platte, die eingesetzt werden soll.
Zum Aussägen der Falz am Gegenstück wird die Kreissäge nicht verstellt – so stellen Sie sicher, dass die Falz genauso tief wie die Nut ist.
Die Falz nehmen Sie ebenfalls durch mehrfaches Sägen mit der Kreissäge aus.
Profis sägen diese Verbindung übrigens nicht aus, sondern fräsen Nut und Falz.

Die sauber ausgeführte gefalzte Verbindung zeichnet sich durch eine schöne Optik aus und könnte so auch sichtbar bleiben.

Bei einer Überblattung werden die Holzteile so ausgenommen, dass eine glatte, ebene Oberfläche entsteht. Die besonders attraktive Verbindung erfordert viel handwerkliches Geschick.

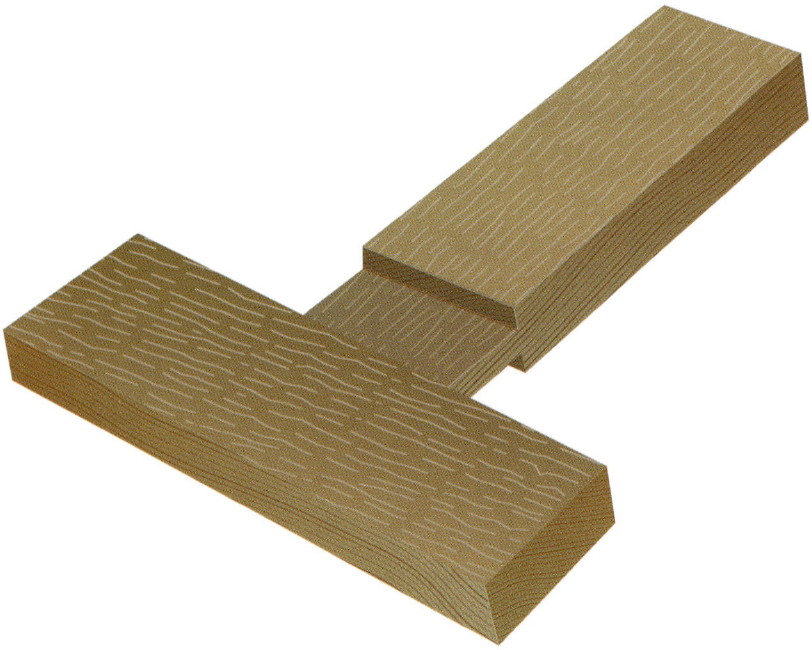

Zinkenverbindungen sind Eckverbindungen, die sehr elegant wirken. Man unterscheidet verschiedene Arten von Zinkenverbindungen. Im Möbelbau spielen sie nur eine untergeordnete Rolle.

Weitere Verbindungen

Das klassische Schreinerhandwerk kennt viele weitere Verbindungstechniken, die allerdings zum Teil nur schwer herzustellen sind. Dazu zählen vor allem:

Überblattungen
Eine Überblattung dient dazu, gleich starke Holzteile miteinander zu verbinden. Dabei werden diese so ausgespart, dass sie übereinander gelegt eine ebene Fläche bilden. Überblattungen setzt man vor allem im Rahmenbau ein. Man unterscheidet Kreuz- von T- und Ecküberblattungen. Das Aussparen der Verbindungen ist relativ schwierig und setzt viel Geschick voraus.

Schlitz-und-Zapfen-Verbindungen
Diese Verbindungsmethode kommt beim Möbelbau nur bei Rahmen- und Stollenkonstruktionen zum Einsatz (siehe S. 38). In das Schlitzteil (Stollen) wird auf rund ein Drittel der Holzstärke ein Schlitz gestemmt, in den dann ein zumeist gleich starkes Bauteil mit Zapfen eingesetzt wird. Dabei gibt es viele verschiedene Ausformungen wie z. B. Doppel- und Fingerzapfenverbindungen. Wie bei den Überblattungen setzen Schlitz- und-Zapfen-Verbindungen großes schreinerisches Grundvermögen voraus.

Zinkenverbindungen
Diese Eckverbindungen sind äußerst belastbar und bilden – bei sauberer Fertigung – sehr ästhetische Ecken. Die verschiedenen Formen – das Spektrum reicht von geraden Zinken über Schwalbenschwanzverbindungen bis zu halb und ganz verdeckten Zinken – werden vor allem beim Bau von Kästen und Schubladen gewählt. Die Herstellung erfordert ein hohes Maß an Erfahrung und handwerklichem Können. Der Bau lässt sich zwar durch eine Oberfräse oder eine Zinkfräseinrichtung erleichtern, die entsprechenden Geräte sind allerdings teuer.

Lösbare Verbindungen

Nicht immer ist es sinnvoll, Flächen fest miteinander zu verbinden. Beim Bau großer Möbelstücke – wie eines großen Schranks – sind oft lösbare Verbindungen gefragt, wobei Beschläge das Zusammen- und Auseinanderbauen wesentlich erleichtern.
Für den Korpusbau kommen vor allem zwei Varianten zum Einsatz:

Trapezverbinder
Trapezverbinder stellen eine ideale Lösung dar, auch größere Platten stabil und dennoch lösbar miteinander zu verbinden. Am waagerechten Korpusteil befestigt man das Unterteil, am senkrechten das trapezförmige Oberteil. Das Oberteil wird beim Zusammenbau der Platten auf das Unterteil gesteckt und dann der Beschlag mit einer Schraube gesichert.
Trapezbeschläge bietet der Handel in ganz einfacher Ausführung zum Verschrauben mit Kreuzschlitzschrauben an. Empfehlenswert sind vor allem die wesentlich belastbareren Verbinder, die zusätzlich in Dübellöcher gesteckt werden.

Exzenterverbinder
Diese Verbinder werden sehr häufig im professionellen Möbelbau eingesetzt, da sie sehr unauffällige Verbindungen ermöglichen. Die zu verbindenden Korpusteile werden auf eine bestimmte Art an- bzw. durchbohrt. Auf der einen Seite steckt man einen Metalldübel ein, der in einem Exzentergehäuse greift und durch Drehung arretiert wird (siehe Grafik).
Diese Verbindungen sind mit Standardwerkzeugen nur sehr schwierig herzustellen und so vor allem unerfahreneren Möbelbauern nicht zu empfehlen. Neben diesen Verbindern bietet der Handel zudem spezielle Beschläge an wie z. B. Bettbeschläge oder Eckklammern für Tischgestelle. Für den Standardbau spielen diese Verbinder allerdings keine Rolle.

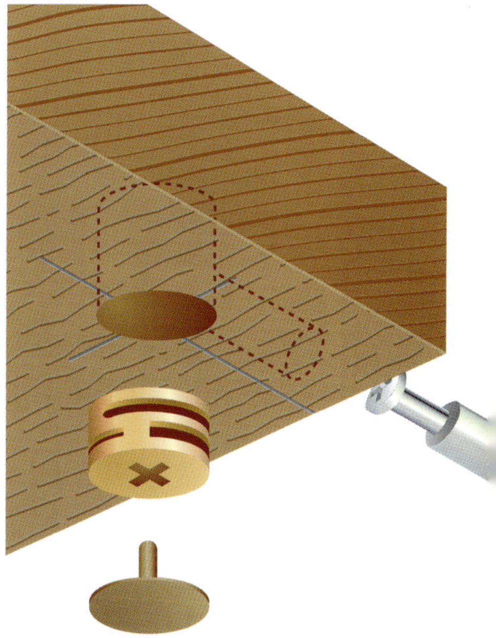

Exzenterverbinder werden sehr häufig im professionellen Möbelbau eingesetzt. Da sehr exakt und unterschiedlich groß gebohrt werden muss, sind sie aber Anfängern nicht zu empfehlen.

Trapezbeschlag montieren

Auf den Werkstücken zeichnen Sie zunächst exakt die Bohrlöcher für die Beschlagteile an.

Die Bohrungen werden dann mit einem 5-mm-Holzbohrer ausgeführt. Dabei exakt gerade bohren.

In das eine Werkstück setzen Sie nun das Unterteil des Trapezbeschlags ein ...

... und in das andere das Oberteil. Die Beschlagteile schlagen Sie mit dem Gummihammer fest ein.

Wenn exakt gearbeitet wurde, greifen Ober- und Unterteil genau ineinander.

Zum Fixieren der lösbaren Verbindung muss nun nur noch die Halteschraube eingedreht werden.

Korpusbau

Die Einheit von Optik und Funktion

Als Korpus bezeichnet man im Möbelbau die Grundkonstruktion eines Werkstücks. Es umfasst den Aufbau der Seitenwände, des Bodens und der Decke sowie die Ausführung von Sockel und Rückwand. An dieses Grundgerüst können dann später eventuell weitere Elemente wie z. B. Türen, Zwischenböden, Schubladen oder Zierelemente montiert werden.

Der Korpus übernimmt bei jedem Möbelstück zwei wichtige Funktionen:

- Er bildet den optischen Rahmen und trägt so nachhaltig zum Gesamteindruck bei.
- Er bestimmt die Statik des Werkstücks. Durch den Korpusbau wird die Festigkeit des Möbels definiert und seine Belastbarkeit vorgegeben.

Konstruktion und Aufbau des Korpus sind so von zentraler Bedeutung.

Beim Plattenbau stoßen Seitenwände, Decke und Böden direkt aneinander und werden meist stumpf miteinander verbunden.

Beim Stollenbau werden die Ecken von senkrechten Hölzern gebildet, an denen die Seitenwände dann befestigt werden.

Die unterschiedlichen Konstruktionsarten

Bei der Grundkonstruktion eines Möbelstücks unterscheidet man im Wesentlichen drei Korpusarten:

- **Plattenbau (Kastenmöbel)**
  Wände, Boden, Decke und Sockelleiste werden direkt miteinander verbunden, stoßen also unmittelbar aneinander.
- **Stollenbau**
  Die vier Ecken des Möbelstücks werden je von einem senkrecht stehenden Holz – einem so genannten Stollen – gebildet. Zwischen den Stollen werden dann die Wände und in der Regel auch Boden sowie Decke eingezogen. Die Stollenkonstruktion kann auch zwischen einer Boden- und einer Deckenplatte ausgeführt werden.
- **Rahmenbau**
  Seitenwände und evtl. auch Decke werden wie Bilderrahmen aufgebaut; in den Rahmen sind dünnere Holzplatten eingezogen. Die Rahmen werden wiederum zu einem Korpus zusammengebaut.

Am Anfang konzentriert man sich am besten auf die unterschiedlichen Arten des Plattenbaus. Die Grundform lässt sich problemlos konstruieren, erlaubt verschiedene, einfache Verbindungen und ist relativ unaufwändig. Der Stollenbau stellt schon etwas höhere Anforderungen. Der Rahmenbau schließlich setzt sehr gute handwerkliche Fähigkeiten voraus.

Bei dieser Konstruktion sitzt die Seitenwand auf dem Sockel auf.

Hier wird die senkrechte Wand durch den waagerechten Boden unterbrochen. Diese Konstruktion ist auch an Seitenwänden möglich.

Bei durchgehenden Seiten sind alle anderen Bauteile zwischenmontiert.

Die Varianten des Plattenbaus

Ob Platten-, Stollen-, oder Rahmenbau: Selbst bei relativ einfach konstruierten Möbelstücken ermöglicht jede Korpusart verschiedene Varianten. Oftmals sind die Unterschiede nicht direkt auf den ersten Blick zu erkennnen. Dennoch prägen die Details in der Korpusausführung den visuellen Eindruck eines Möbelstücks nachhaltig mit.

Beim Plattenbau ergeben sich unterschiedliche Konstruktionsvarianten vor allem durch die Anordnung der Seitenwände und der Böden. Dabei lassen sich folgende Varianten unterscheiden:

- **Durchgehende Seiten**
  Ob Decke, Zwischenböden, Boden oder Sockel – alle Bauteile werden zwischen den Seitenwänden angeordnet. Der Gesamteindruck des Möbelstücks ist eher ruhig. Außerdem eignet sich die Konstruktion, um mehrere Korpusse miteinander zu einer Zeile zu verbinden (siehe auch S. 43).
- **Aufgesetzt durchgehende Seiten**
  Wie bei den durchgehenden Seiten sind Decke und Zwischenböden zwischen den Seitenwänden angebracht. Die Seitenwände selbst aber stehen auf dem Boden auf und dieser wiederum auf der Sockelleiste. Eine weitere Variante ist hier, die Seitenwände direkt bis zum Sockel durchlaufen zu lassen und auch den Boden zwischenzubauen.
- **Unterbrochene Seitenwände**
  Bei dieser dritten Variante unterbricht jeder Boden die Seitenwand. Das Möbelstück wirkt lebhafter und ist aus statischen Gründen wesentlich belastbarer. Der Bau eines solchen Korpus ist allerdings etwas aufwändiger als bei den anderen Konstruktionsvarianten, da wesentlich mehr Bauteile für die Seitenwände zugeschnitten werden müssen.

Besondere Beachtung verdient vor allem der Deckel: Er kann bei allen Varianten sowohl zwischen den Seitenwänden montiert als auch auf sie aufgelegt werden. Zu den entscheidenden Punkten beim Plattenbau zählt weiterhin die exakte Anordnung der Platten zueinander. Entscheidend ist dabei, ob die Platten bündig aneinander anliegen oder aber ein paar Millimeter versetzt zueinander montiert werden. So entsteht an den Montageflächen ein kleiner Sprung, der elegant wirkt. Außerdem fallen bei dieser Konstruktion etwas unsauber gefertigte Kanten nicht so auf wie bei der bündigen Bauweise. Leichte Wellen im Holz, die durch unterschiedlich starkes Schleifen entstehen können, lassen sich so z. B. kaschieren.

Türen

Bei Schrankkonstruktionen gilt es, den Anschlag der Türen genau zu bedenken. Dabei kommt es nicht nur darauf an, zu welcher Seite sich die Tür öffnen soll, sondern auch, wo sie am Korpus befestigt wird.
Grundsätzlich bieten sich zwei Alternativen an:

- **vorgesetzte Tür**
  Die Tür sitzt vor den Wänden und Böden. Sie verdeckt den Korpusrahmen komplett.
- **eingesetzte bzw. zurückgesetzte Tür**
  Der Korpusrahmen ist deutlich zu sehen, die Tür liegt ein Stück zurück und wirkt wie in das Möbelstück eingelassen.

Auch Kombinationen beider Montagearten sind möglich. Bei niedrigeren Schränken setzt man beispielsweise Türen nur vor die Seitenwände und den Boden. Die Deckplatte steht allerdings ein Stück vor und überragt so die Tür. Vorgesetzte Türen wirken meistens eleganter, weil sie eine einheitlichere, ruhigere Front entstehen lassen.

Das Bild zeigt einen Korpus von schräg hinten. Seiten- und Rückwand schließen bündig miteinander ab; die Seitenwand ragt über den Boden hinaus.

Bei dieser Konstruktion werden die Kanten bewusst nicht bündig aneinander angeschlossen. Die Deckenplatte ragt über Tür (l.) und Seitenwand (r.) hinaus.

Das System 32

In vielen Schränken und Regalen finden sich in den Seitenwänden vier vorgebohrte Lochreihen, die sehr universell genutzt werden können. Sie dienen nicht nur dazu, Bodenträger in verschiedenen Höhen variabel einsetzen zu

können, sondern auch zur vereinfachten Montage von Beschlägen wie z. B. Scharnieren.
In der Möbelindustrie arbeitet man mit dem so genannten „System 32“. Hierbei sind die Bohrpositionen genau festgelegt. Die Beschlagindustrie bietet ein breites Sortiment an Beschlägen an, die genau auf diese Bohrungen hin ausgerichtet sind. Für den Eigenbau von Möbeln sind spezielle „System-32-Lehren“ erhältlich. Sie erleichtern das Anzeichnen und Ausführen der Lochreihen erheblich.
Wer Möbelstücke mit flexibler Nutzung bauen möchte, sollte sich ebenfalls am „System 32“ orientieren. Dabei sind folgende Maße zu berücksichtigen:

- Vertikaler Bohrabstand: 32 mm
- Bohrdurchmesser: 5 mm
- Achsabstand der vorderen Lochreihe zur Vorderkante der Seitenwand: 37 mm
- Achsabstand der hinteren Lochreihe zur Rückwand: variabel; empfehlenswert sind aber auch hier 37 mm.

Bei einer aufgesetzten Tür schließen die Korpuswände und -böden bündig miteinander ab.

Bei dieser Konstruktion hingegen ist die Tür zurückgesetzt und die Seitenwand damit etwas kürzer als Boden- und Deckplatte.

Je nachdem, für welche Konstruktionsvariante Sie sich entscheiden, sind unterschiedliche Beschläge erforderlich (siehe auch S. 46).

Bei dieser Schublade ragt die Blende über die Lade und damit auch über den Korpus hinaus. Sie verdeckt somit den Korpus.

Schubladen

Zur optischen Wirkung eines Schranks trägt auch die Art der Schubladenverblendung bei. Bei der Konstruktion des Korpus und beim Bau der Einschübe (siehe S. 50) sind zwei Gestaltungsvarianten möglich:

- Die Blende des Schubkasten sitzt vor dem Korpus.
  Sie verdeckt damit die Korpusseiten. Durch die Blende entsteht zudem eine „Stoppfunktion" für den Schubkasten.
- Der Schubkasten fährt vollständig in den Korpus ein.
  Bei dieser Variante bleiben die Korpusseiten sichtbar.

Für welche Variante man sich entscheidet, ist eine Frage des persönlichen Geschmacks.

Möbelverbinder

Zu bedenken gilt es auch, ob das Möbelstück einzeln oder im Verbund mit anderen aufgestellt werden soll. Wenn Sie z. B. Küchenschränke für eine durchgehende Zeile bauen möchten, sollte der Korpus so konstruiert werden, dass die Möbel dicht aneinander gereiht werden können. Die einfachste Lösung stellen hier Konstruktionen mit durchgehenden Seitenwänden dar. Wichtig ist, dass kein Boden über die Seitenwände hinausragt.
Damit die Schränke einer Zeile eine bündige Front bilden und weder Unebenheiten im Boden noch an der Wand zu Versatz führen, verschraubt man die Schränke miteinander. Der Handel bietet dazu spezielle Verbinder an, die sich auch leicht wieder lösen lassen.

Hier fahren die Schubladen komplett ein; der Korpus bleibt sichtbar.

Um mehrere Korpusse miteinander zu einer durchgehenden Zeile zusammenzubauen, setzt man spezielle Verbinder ein.

Die Wände werden durchbohrt und dann der Verbinder festgeschraubt.

Handwerklich anspruchsvoll ist es, mit der Kreissäge eine Falz an den Korpuswänden und -böden auszunehmen.

Bei dieser Konstruktion schließt die Rückwand bündig am Korpus an.

Abschließend wird die Rückwand in der gefalzten Eckverbindung vernagelt. Stabiler wird die Konstruktion, wenn Sie die Rückwand festschrauben.

Rückwand

Bei den meisten Möbelstücken bleibt die Rückwand nicht sichtbar. Dementsprechend einfach kann man sie befestigen. So reicht es z. B. in den meisten Fällen aus, die Rückwand einfach nur aufzunageln.
Wer handwerklich anspruchsvoller arbeiten möchte, wählt zwischen folgenden zwei Lösungen:

- **Ausgefalzte Eckverbindung**
  In die Seitenwände sowie in die Decken- und die Bodenplatte wird eine kleine Falz – in der Stärke der Rückwand – gefräst. So lässt sich die Rückwand bündig aufsetzen. Die Falz können Sie mit der Tischkreissäge oder der Oberfäse erstellen.
- **Genutete Verbindung**
  In Wände und Böden schneiden Sie mit der Kreissäge eine Nut. Auch sie weist die Stärke der Rückwand auf. Diese wird dann einfach eingeschoben. Die Wand wird zusätzlich vernagelt oder verschraubt.

Zuerst kürzen Sie den Umleimer mit der Schere auf die richtige Länge.

Zum Abziehen die Feile unter leichtem Druck schräg ansetzen.

Zum Aufleimen wird das Bügeleisen auf die angegebene Temperatur gestellt. Den Umleimer so aufbügeln, dass er auf beiden Seiten der Kante übersteht.

Kanten umleimen

Für das Verkleiden der unansehnlichen Pressspankanten bietet der der Handel farblich abgestimmten Umleimer an: Darunter versteht man relativ dünne Dekorstreifen, die als Rollen in 2, 5 oder 10 m Länge erhältlich sind. Sie ähneln farbigem Klebeband und sind meistens 2 cm breit. Für Küchenarbeitsplatten gibt es spezielle, breitere Umleimer.
Die Umleimer werden einfach auf die Kanten aufgebügelt. Durch die Hitze beim Bügeln schmilzt der Leim auf der Unterseite des Umleimers und verbindet sich so mit dem Pressspan.
Man bügelt immer etwas breiteren Umleimer auf. Der Überstand links und rechts der Kanten wird anschließend entfernt. Dazu kann man entweder ein Cuttermesser oder eine Feile einsetzen. Die Feile hat den Vorteil, dass man nicht aus Versehen Macken in die Platten schneidet.
Die abgeschnittenen Kanten werden anschließend mit feinem Schleifpapier abgeschmirgelt. Ist beim Schneiden eine der Kanten etwas ausgefranst, kann man dies meist mithilfe farblich passender Filzstifte oder Marker kaschieren.

Andere Kantengestaltung
Eine weitere Möglichkeit, Kanten attraktiv zu gestalten, stellen Profile dar – z. B. aus Aluminium oder Kunststoff. Sie werden entweder aufgeschraubt oder aber mit Montagekleber aus der Kartusche auf die Kanten aufgeklebt.

Nach dem Abfeilen schleifen Sie die Kanten mit feinem Papier.

An Ecken überstehenden Umleimer schleifen Sie ebenfalls ab.

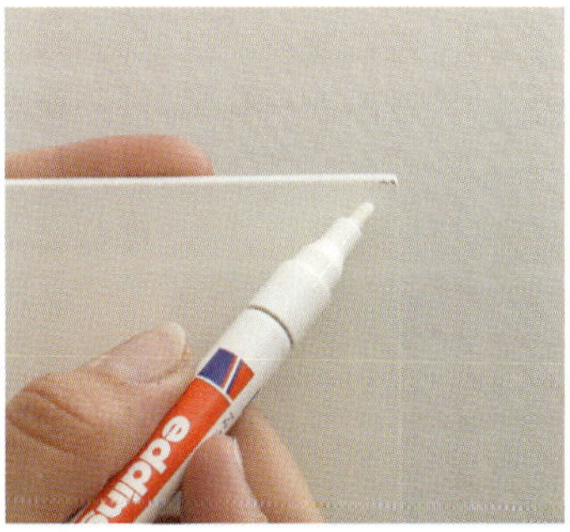

Ausgefranste Schnittstellen kaschieren Sie mit Filzschreibern.

Türen montieren

Topfscharniere ausrichten

Auflagenverstellung

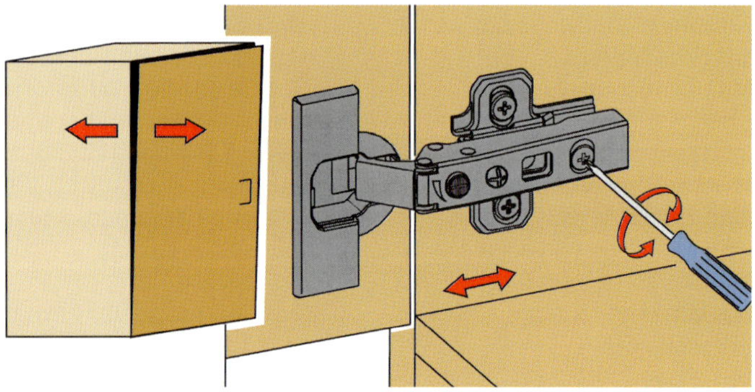
Tiefenverstellung

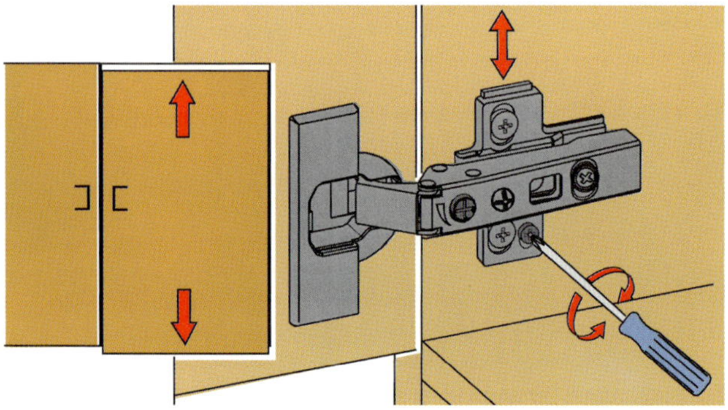
Höhenverstellung

Moderne Beschlagtechnik vereinfacht die Türmontage

Die gängigste Form der Schranktür ist die vorgehängte schlichte Platte, die sich leicht herstellen und montieren lässt. Andere Türformen wie z. B. Lamellen- oder Rahmentüren erfordern bereits sehr viel handwerkliches Können. Ihr besonderes Augenmerk sollte der Beschlagtechnik gelten. Zwei Scharniervarianten stehen zur Wahl:

- **Sichtbare Scharniere (Bänder)**
  Sie lassen sich besonders einfach befestigen, können dafür aber nicht nachgerichtet werden. Man unterscheidet die runden Möbelbänder von den eckigen Winkelbändern. Während diese Scharniere eher schlicht gehalten sind, zeichnen sich die runden Stilbänder durch dekorativ geformte Messingspitzen aus.
- **Topfbänder**
  Diese Beschläge sind von außen nicht zu sehen und lassen sich zudem sehr leicht nachrichten. Topfbänder haben sich deshalb beim Möbelbau gegenüber anderen Scharnieren durchgesetzt.

Topfbänder können Sie selbst montieren – einen entsprechenden Topfbohrer vorausgesetzt. Die Bänder gibt es in verschiedenen Ausführungen – so z. B. auch in minimierter Form für kleine Türen und Klappen.
Je größer der Beschlag ist, desto höheren Belastungen hält er auch

Hettich

Diese selbst gefertigte Lehre erleichtert das Bohren von Topflöchern, indem sie den genauen Abstand zur Korpusseite präzise vorgibt.

stand. Mit größeren Topfscharnieren lassen sich also auch schwerere Vollholztüren aufhängen. Mit welchem Gewicht der Beschlag maximal belastet werden kann, ist auf der Verpackung angegeben. Beim Kauf gilt es, vor allem auch auf den Anschlag und den Öffnungswinkel zu achten. Standardscharniere sind für vorgesetzte Türen (siehe auch S. 41) konstruiert und öffnen sich in einem Winkel von 110°. Soll sich die Tür weiter öffnen lassen, benötigen Sie teurere Spezialscharniere.

Topfbohrungen richtig ausführen

Topfbohrer sind in den Topfbändern entsprechenden Standardgrößen in verschiedenen Durchmessern erhältlich.
Beim Arbeiten kommt es nicht nur darauf an, dass die Topfbohrung gerade und sauber ausgeführt wird. Sie muss vor allem exakt an der richtigen Stelle erfolgen.

Für das Bohren benötigen Sie einen speziellen Topfbohrer, den es – passend zu den Beschlägen – in verschiedenen Größen gibt.

Wichtig ist, dass die Topfbohrung ausreichend tief erfolgt.

Das Scharnier wird nur eingeklickt und muss nicht verschraubt werden.

Andernfalls passt entweder das Scharnier nicht richtig oder aber die Tür schließt nicht.
Welchen Abstand genau die Topfbohrung zur Korpuskante aufweisen muss, ist auf der Scharnierverpackung angegeben.
Beim Bohren sollten Sie mit Tiefenanschlag arbeiten – so verhindern Sie ein versehentliches Durchbohren der Korpuswand. Um gerade Bohrungen ausführen zu können, arbeiten Sie am besten mit einem Bohrständer.
Maßnehmen und Bohren erleichtert zusätzlich eine Bohrlehre. Diese können Sie sich auch selbst bauen. Dazu nehmen Sie ein kleines Stück Holz und versehen es mit einer Anschlagleiste (siehe Foto S. 48 oben). Dann messen Sie die richtige Position für Ihre Topfbänder aus und bohren ein entsprechendes Loch in das Holz. Wenn Sie eine Topfbohrung ausführen möchten, reicht es aus, den Anschlag am Korpus anzulegen und durch das vorgebohrte Loch die Topfbohrung vorzunehmen.

Griffe und Schlösser

Die fertig angebrachte Tür versehen Sie dann mit einem Griff, der sich sehr leicht montieren lässt. Auch Schlösser einzusetzen ist kein Problem. Diese gibt es als spezielle Möbelbauschlösser, denen genaue Maßangaben zur Montage beigefügt sind.

Stangenscharniere und Klappenhalter

Um Klappen an Truhen oder anderen Möbelstücken zu befestigen, setzt man vor allem Stangenscharniere ein, die auch umgangssprachlich als Klavierbänder bezeichnet werden. Beschläge kürzen Sie mit der Eisensäge auf die zuvor ausgemessene Länge und befestigen sie dann mit passenden Kreuzschlitzschrauben. Ein Klappenhalter verhindert, dass der Deckel nach hinten umschlagen kann und so die Möbelteile beschädigt werden können.

Stangenscharniere setzt man als Beschlag vor allem bei Truhen ein.

Möbelschlösser lassen sich leicht selbst montieren.

Damit das Schloss perfekt schließt, müssen die Abstände stimmen.

Bei dieser Wäschetruhe ermöglicht ein Stangenscharnier das Öffnen und Schließen. Der Deckel ist zusätzlich mit einem Klappenhalter gesichert.

Schubladenbau

Die verschiedenen Konstruktionsvarianten

Beim Bau von Schubladen haben Sie die Wahl zwischen drei Ausführungen:

- **Lose eingeschobener Kasten**
  Der Schubkasten wird nicht geführt, sondern steht lediglich auf einem Regal- oder Schrankboden auf.
- **Selbst gebaute Führung**
  Die Führung erstellen Sie aus Holzteilen: Verschiedene Konstruktionen stehen zur Wahl. Standard ist, auf die Seiten des Kastens eine dünne Holzleiste aufzuleimen und in die Korpuswände eine entsprechende Nut einzuziehen. Diese kann gefräst oder mit der Tischkreissäge hergestellt werden (siehe S. 35).
- **Montage durch Rollschubführung**
  Der Kasten wird mittels professioneller Beschlagtechnik an Schienen geführt.

Fertige Schubkästen

Schubladen bietet der Handel für den Eigenbau auch als Fertigelemente an. Die Kästen bestehen zumeist aus Stahlblech und sind so weit vormontiert, dass man nur noch vorne eine selbst gestaltete Blende vorsetzen muss. So kann die Lade auf das Design des Möbelstücks abgestimmt werden.

Schubladenkonstruktion mit Rollschubführung

Die einfachste und professionellste Art, Schubläden in Schränke einzubauen ist die Verwendung von Rollschubführungen. Die Beschläge bestehen nur noch aus den Auszügen, die links und rechts an der Schublade montiert werden, und den Auszugsführungen, die man im Schrank befestigt.
Bei den Auszügen gibt es erhebliche Qualitätsunterschiede. Das beginnt schon beim verwendeten Material: So laufen die Schienen in dem einen Produkt auf Kunststoffrollen, im anderen auf Stahlkugeln. Zu empfehlen sind vor allem hochwertige Markenbe-

Schubkästen lassen sich auf verschiedene Weise einbauen. Die professionellste Lösung sind Rollschubführungen.

Griffe montieren

Der Griff wird mittig angebracht. Die Position ermitteln Sie durch Anzeichnen von Diagonalen.

Bohren Sie mit dem 5-mm-Holzbohrer ein Loch an der markierten Stelle.

Jetzt führen Sie von hinten die zugehörige Schraube durch und schrauben vorn den Griff fest.

Abschließend richten Sie die Griffmulde ergonomisch aus und fixieren von innen die Schraube.

Rollschubführungen erleichtern die Schubladenmontage erheblich, da bei modernen Beschlägen nur vier Teile angebracht werden müssen.

Für die Funktion ist es wichtig, dass die Abstände der Beschläge genau stimmen.

schläge mit Selbsteinzug. Durch einen lastunabhängigen kontrollierten Federeinzug schließt sich der Schubkasten leicht und selbstständig. Dabei kann die Einzugskraft auf das Gewicht des Schubkastens abgestimmt werden. Komfortable Beschläge dämpfen dabei den Einzug ab und schließen ihn dann sanft. Die Schubführungen gibt es in unterschiedlichen Längen, die sich nicht an den Schranktiefen, sondern an den Schubladenlängen orientieren. Für einen 40 cm tiefen Schrank muss deshalb ein höchstens 35 cm langer Beschlag eingesetzt werden.
Beim Kauf ist zwischen einem Voll- und einem Standardauszug zu unterscheiden.
Bei einem Vollauszug kann man die Schubladen nahezu komplett aus dem Korpus herausziehen. Bei einem Normalauszug hingegen verbleibt ca. ein Viertel der Kastenlänge im Korpus – und das mindert den Bedienkomfort.
Für die Konstruktion ist entscheidend, wo der Beschlag angesetzt

Zur Montage der Rollschübe diese mit dem Körner anreißen ...

Man schraubt die Führungen zunächst vorn bündig an.

... und dann am Schubkasten verschrauben.

Bei der Montage der Führungen muss genau gemessen werden.

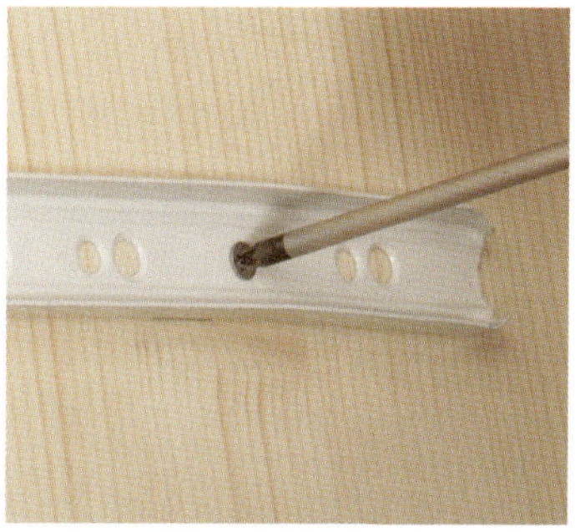

Dann werden sie waagerecht ausgerichtet und hinten verschraubt.

wird. Standardauszüge werden seitlich an den Schubladen befestigt. Dies hat den Nachteil, dass die Breite der Lade sehr genau ausgerichtet werden muss. Dabei gilt es, die Breite der Rollschubführung millimetergenau zu bestimmen und zu berücksichtigen.
Die Konstruktion gestaltet sich einfacher, wenn man Rollschübe verwendet, die unter den Kasten geschraubt werden. Bei den meisten Beschlägen muss dann nur 4 mm Luft links und rechts zwischen Schublade und Korpus eingerechnet werden.
Bei einer 40 cm breiten Korpusöffnung sollte die Schublade also genau 39,2 cm breit sein. Dieses Maß ist auf 16 mm starke Seitenwände ausgerichtet. Das bedeutet: Baut man Schubladen mit Seitenwänden dieser Stärke, ist das lichte Maß in der Schublade um 4 cm schmaler als die Korpusöffnung (2 x 16 mm Seitenwandstärke zuzüglich 2 x 4 mm Abstand).

Nach der Montage der Rollschubführungen wird der Schubkasten in die Auszugsführungen des Schrankes eingesetzt. Die Schublade sollte sich leichtgängig bewegen lassen.

Tische bauen

Bei Tischen kommt es auf die Statik an

Der Bau von Tischen erscheint gegenüber der Konstruktion von anderen Möbeln sehr einfach: Es muss prinzipiell nur eine Platte zugeschnitten und dann müssen Beine montiert werden.
Für die Funktionalität ist dabei entscheidend, dass der Tisch nicht wackelt und auch größeren Belastungen problemlos standhält.

Um dies zu erreichen, stehen zwei Alternativen zur Wahl:

- Der Bau einer stabilen Unterkonstruktion.
- Verwendung hochwertiger, industriell gefertigter Tischbeine.

Der Bau der Unterkonstruktion ist wesentlich aufwändiger als die Montage fertiger Tischbeine. Diese sind allerdings relativ teuer, meist aus Metall gefertigt und passen nicht zu jeder Einrichtung.

Eckbeschläge stabilisieren das Tischgestell und vereinfachen die Montage von Zargen, Tischbein und Platte.

Tischbeine und Unterkonstruktion aus Holz

Die Stabilität des Tisches wird zunächst von der Ausführung der Tischbeine bestimmt: Je massiver diese sind, desto sicherer steht der Tisch. Dementsprechend sollten Sie die Beine nicht zu dünn wählen – selbst bei kleineren Tischen sind mindestens 6 x 6 cm dicke Hölzer zu empfehlen.
Tischbeine lassen sich leicht selbst herstellen: Sie kaufen Vollholzlatten in der gewünschten Stärke und schneiden diese auf die gewünschte Länge. Tische haben eine Standardhöhe von rund 72 cm – die Beine sollten also in Abhängigkeit von der Tischplattenstärke 68 bis 69 cm lang sein. Nach dem Zuschnitt hobeln und schleifen Sie die Beine fein ab.
Im Handel erhalten Sie auch vorgefertigte Tischbeine aus Holz, zum Teil auch in ausgefalleneren Formen.
Zargen verleihen einem Tisch stabilen Halt. Sie sollten diese direkt unterhalb der Tischplatte einziehen. So vergrößert sich die Auflagefläche der Platte und die Zargen stören nicht beim Sitzen. Die Größe der Zargen sollten Sie den Tischmaßen und der Stärke der Tischbeine anpassen. Als Mindestwerte gelten in Bezug auf die Zargenhöhe 8 cm bei einer Stärke von 2 cm.
Für die Verbindung der Zargen mit den Holzbeinen eignen sich alle Verbindungsarten von Holzdübeln bis hin zu Zapfen.

Industriell gefertigte Tischbeine anbringen

Den Möbelbau vereinfachen industriell gefertigte Tischbeine, die der Handel in verschiedensten Designausführungen anbietet. Die Produkte unterscheiden sich erheblich in ihrer Qualität: Empfehlenswerte Beine sind aus Stahlblech oder Edelstahl hergestellt und hochwertig versiegelt. Zumeist hat man bei den Oberflächen die Wahl zwischen hochglanz-verchromt, schwarz-matt und einem Edelstahl-Finish. Einige Markenprodukte erhält man auch in unterschiedlichen Farbvarianten. Wichtigstes Qualitätsmerkmal ist die Schwere der Ausführung und die Belastbarkeit der Halterung. Das Montageprinzip ist bei allen Beinen ähnlich: Zunächst wird eine Halteplatte angeschraubt, an der dann das eigentliche Tischbein befestigt wird. Je stabiler die Halterung gefertigt ist, desto besser hält das Bein.

Von Vorteil ist eine Höhenverstellung, um den Tisch an Stuhlhöhen angleichen zu können. Solche Tischbeine gibt es in verschiedenen Größen. Heute setzt man vor allem Beine mit einem Verstellbereich von 71 bis 81 cm ein. Für Kinderzimmer gibt es aber auch kleine Größen z. B. von 65 bis 71 cm. Der Durchmesser der Beine beträgt dabei zwischen 50 und 75 mm.
Die meisten Tischbeine sind in preiswerteren Vierersets erhältlich.

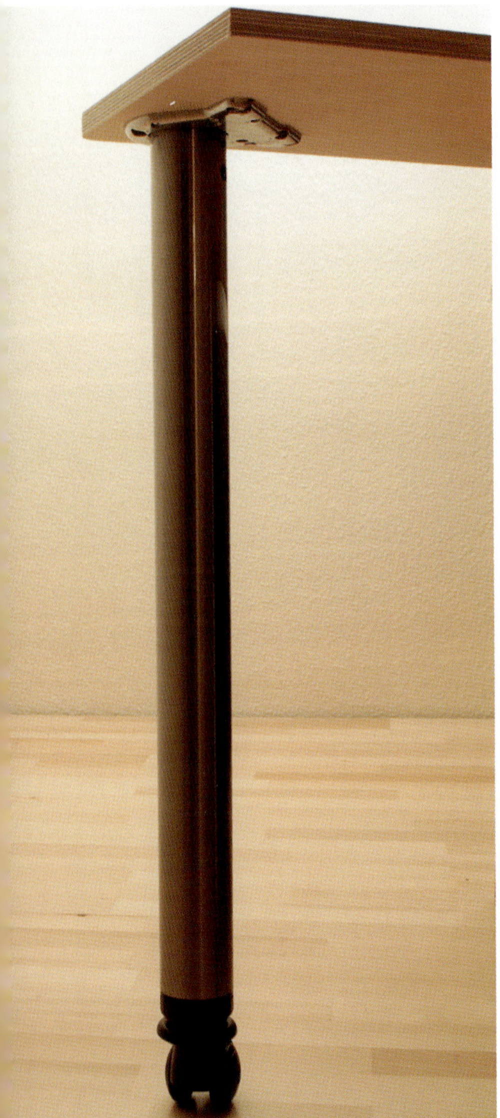

Das fertig montierte Tischbein mit aufgeschraubter Montageplatte und Rolle

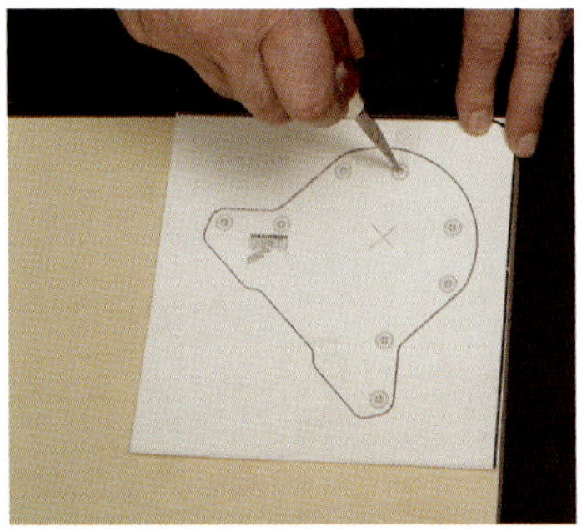

Mit einer Schablone und einem Körner markieren Sie die Befestigungspositionen der Montageplatte.

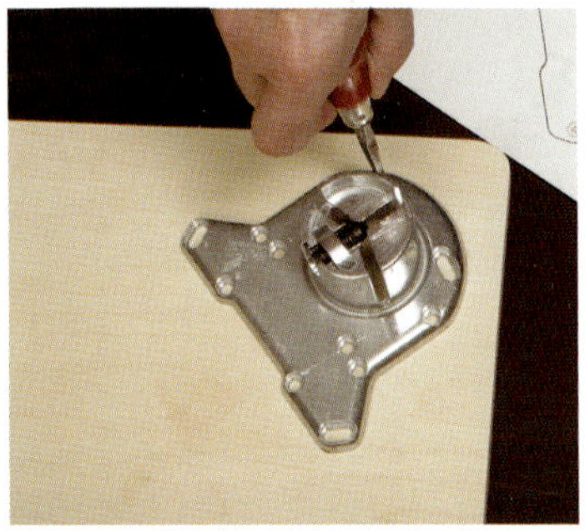

Die Befestigungspositionen können Sie aber auch direkt mit der Platte anreißen.

Um sich das Einschrauben zu erleichtern, bohren Sie mit einem kleinen Holzbohrer vor.

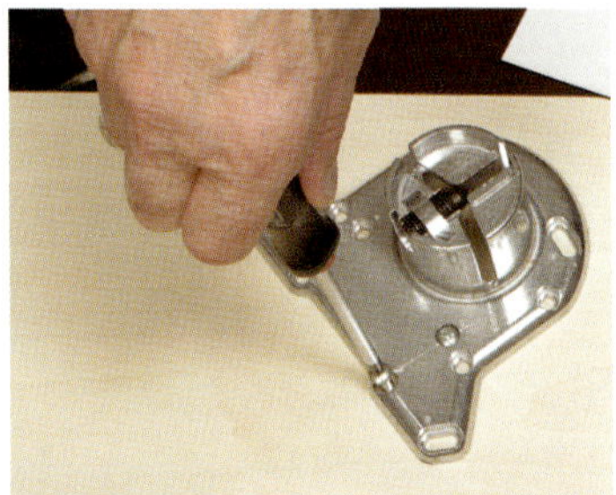

Die Schrauben, die zum Lieferumfang der Tischbeine gehören, sollten Sie fest anziehen.

Das Tischbein wird anschließend so auf die Montageplatte aufgesteckt, dass es verschraubt werden kann.

Zum Fixieren des Beins an der Montageplatte benötigen Sie einen Inbusschlüssel.

Der Kauf einzelner Beine lohnt nur dann, wenn man nur ein oder zwei Beine beispielsweise für einen Bartisch benötigt.
Für Markenprodukte ist im Handel unterschiedliches Zubehör erhältlich, allen voran Rollen in verschiedensten Ausführungen. Empfehlenswert sind Rollen, die arretiert werden können. Zu bedenken ist, dass sich die Belastbarkeit des Tisches verringert, wenn die Standardfüße gegen Rollen getauscht werden.

Der Fuß ist in der Höhe verstellbar und kann so den individuellen Bedürfnissen angepasst werden.

Die Standardfüße können Sie auch gegen Rollen tauschen. Dazu wird der alte Fuß herausgedreht und stattdessen die Rolle befestigt. Sie lässt sich durch einen Stopper arretieren.

Bei diesem System ist es möglich, eine Blende am Tisch anzubringen. Dafür sind gesondert Halter erhältlich, die mit Klemmringen an den Tischbeinen befestigt werden.

Die Klemmringe werden am Tischbein verschraubt. Für optimale Stabilität sorgen Sie, wenn Sie zwei Halter pro Bein befestigen und als Blende eine breitere Platte wählen.

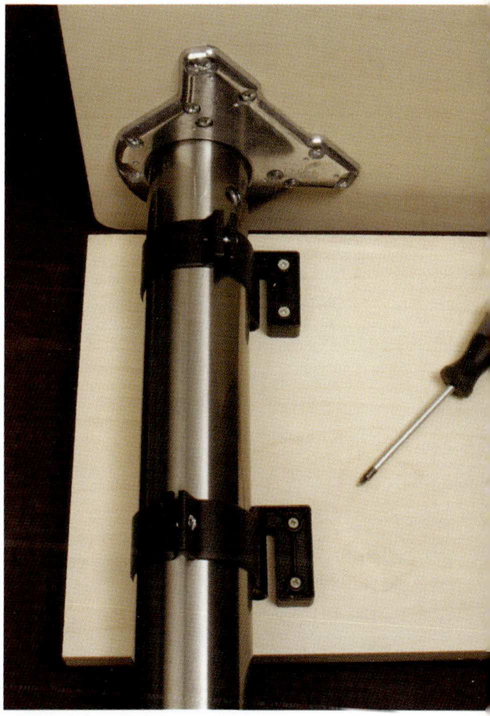

Die Halterung ist nur von innen zu sehen – von vorn wirkt die Blende so, als ob sie schweben würde.

Holzoberflächen richtig behandeln

Oberflächenbehandlung: Schutz und Schönheit

Die meisten Holzoberflächen sind ohne spezielle Behandlung sehr empfindlich. Um Umweltbelastungen wie Schmutz und Feuchtigkeit oder mechanischen Beanspruchungen (Kratzen, Drücken, etc.) standhalten zu können, sollten Sie Ihre Möbelstücke in jedem Fall schützen.
Dabei lassen sich die Hölzer je nach Wunsch und Einrichtungsstil auch ganz individuell gestalten. So können Sie beispielsweise durch Lasuren die natürliche Maserung des Holzes hervorheben oder aber das Holzbild mit deckenden Lacken komplett verbergen.

Gute Vorarbeit ist der Schlüssel zum Erfolg

Ganz gleich, ob Sie Holz wachsen, lasieren oder lackieren möchten: Ein perfektes Ergebnis erzielt man immer nur dann, wenn das Material gründlich vorbehandelt wurde.

Eine fachgerechte Oberflächenbehandlung schützt das Holz und bringt seinen Charakter besonders zur Geltung.

Hölzer reinigen

Bislang unbehandeltes Holz wird gründlich gereinigt. Am besten wäscht man das rohe Holz mit heißem Wasser ab; bei starken Verunreinigungen setzt man dem Wasser Kernseife zu und reibt die Oberfläche mit einer Bürste gründlich ab. Auch alte Beize kann man auf diese Art entfernen. Das Abwaschen hat dabei nicht nur reinigende Wirkung: Durch das Wasser quellen die Oberflächenfasern auf – manch kleine Unebenheit in der Oberfläche gleicht sich dabei von selbst wieder aus. Zudem nimmt das Holz später Beizen oder Grundierung besser auf. Vor jeder weiteren Behandlung muss abgewaschenes Holz allerdings wieder komplett austrocknen.

Schleifen

Das Schleifen ist die wichtigste Vorarbeit. Hier entscheidet sich, wie eben die Oberfläche am Ende wirkt und wie gut vor allem Lacke und Lasuren haften.
Geschliffen wird mit Schleifpapier, das man anhand der Körnung unterscheidet: Je größer der Grad der Körnung ist, desto feiner kann man mit dem Papier schleifen. Holz wird grundsätzlich dreimal abgeschliffen: Zunächst wird mit grobem Schleifpapier (100er oder 120er Körnung) vorgeschliffen und dann mit 180er bis 200er Körnung nachgearbeitet. Für den abschließenden Feinschliff setzt man Papier mit einer Körnung von 240 bis 280 ein.

Kleinere Flächen, Ecken, Kanten und Rundungen schleifen Sie am besten mit der Hand. Benutzen Sie dazu einen Schleifklotz, damit eine ebene Fläche entsteht. Das Schleifpapier schneiden Sie mit der Schere auf Schleifblockbreite zu und wickeln es dann um den Schleifklotz. Bei größeren Flächen erleichtern elektrische Schleifmaschinen die Arbeit, allen voran Exzenter-, Schwing- und Deltaschleifer (siehe auch S. 21).

Altanstriche entfernen
Alte Schutzanstriche lassen sich nicht immer einfach entfernen – sie müssen gründlich abgeschliffen werden. Bei lackierten Hölzern vereinfacht man sich die Arbeit, indem man den Lack zunächst weit gehend abschabt. Dazu erhitzt man ihn mit einem Heißluftgebläse. Alternativ kann man prüfen, ob sich der Lack auch mit einem leistungsstarken Föhn anschmelzen lässt. Die zähflüssige Lackschicht nimmt man dann mit einem Spachtel auf.

Bei lasierten Oberflächen scheint die Maserung durch.

Schadstellen ausspachteln
Tiefe Kratzer oder kleinere, ausgebrochene Stellen werden mit spezieller Holzspachtelmasse geglättet. Diese gibt es verarbeitungsfähig in verschiedenen Holztönen oder aber als Universalspachtel zum Überlackieren. Die Spachtelmasse nimmt man mit einem handelsüblichen Spachtel auf, setzt diesen leicht schräg auf der Holzoberfläche an und zieht dann in einem Zug die Spachtelmasse über dem Holz ab.
Die Masse sollte nach dem Austrocknen geschliffen werden – und das kann sehr arbeitsaufwändig sein. Deshalb sollte man nicht zu viel Spachtelmasse auftragen und lieber zweimal mit wenig Masse arbeiten als einmal mit zu viel.

Schutzmittel richtig aufbringen

Nach Reinigung und Anschliff können Sie den eigentlichen Oberflächenschutz aufbringen. Je nach Mittel sind dabei unterschiedliche Arbeitsschritte notwendig.

Beizen
Durch das Beizen tönt man Hölzer und verleiht ihnen so z. B. eine besonders edel oder antik wirkende Optik. Eine Schutzfunktion erfüllt Beize allerdings nicht – die bearbeiteten Hölzer müssen anschließend gewachst oder mit Klarlack überzogen werden.
Die Beize tragen Sie mit einem speziellen Beizpinsel auf. Dabei arbeitet man „nass in nass", beizt also das Möbelstück in einem Arbeitsgang. So vermeiden Sie, dass durch unterschiedliche Trockenphasen Ränder oder Streifen entstehen und als Farbunterschiede sichtbar bleiben.

Wachsen
Dies ist die einfachste und schnellste Art, rohes Holz zu schützen. Wachs gibt es in unterschiedlichen Konsistenzen – es wird entweder mit einem Pinsel aufgestrichen oder mit einem Tuch in das Holz eingerieben. Dabei in Richtung der Maserung arbeiten. Wachs verleiht dem Holz eine leicht glänzende, warme Tönung. Zum Aufarbeiten alter Möbelstücke bietet der Handel speziellen Antik-Wachs für verschiedene Holzarten an. Soll eine Wachsbeschichtung aufgearbeitet werden, reicht es aus, sie mit feiner Stahlwolle abzureiben und das Möbelstück danach neu einzuwachsen.

Lasieren
Lasuren erzeugen eine leicht glänzende durchgängige Schicht auf der Oberfläche des Holzes und schützen so weitaus besser als Wachs. Die Lasuren lassen dabei – im Gegensatz zu den Lacken – die Maserung des Holzes durchscheinen.
Die sehr dünnflüssigen Produkte für die Bearbeitung von Holz im Innenbereich gibt es in zahlreichen Farben und Hölztönen. Je öfter man die Lasur aufträgt, desto deutlicher tritt die Tönung zu Tage.
Lasuren werden dabei immer mindestens in drei Schichten aufgetragen, wobei die erste Schicht als Grundierung dient. Sie sollte 24 Stunden durchtrocknen und dann mit feinem Schleifpapier angeraut werden.

Lackieren
Beim Lackieren schließlich wird die Oberfläche des Holzes mit einer sehr strapazierfähigen, glänzenden oder hochglänzenden Schutzschicht versehen. Lacke gibt es in allen Farben sowie als Klarlack.
Ein perfektes Ergebnis erzielt man nur, wenn man die Oberfläche vor dem Lackieren grundiert. Der Lack wird nass in nass in einer deckenden Schicht aufgetragen.

Beizen

Um Verschmutzungen zu entfernen, wird das Holz mit Kernseife gereinigt.

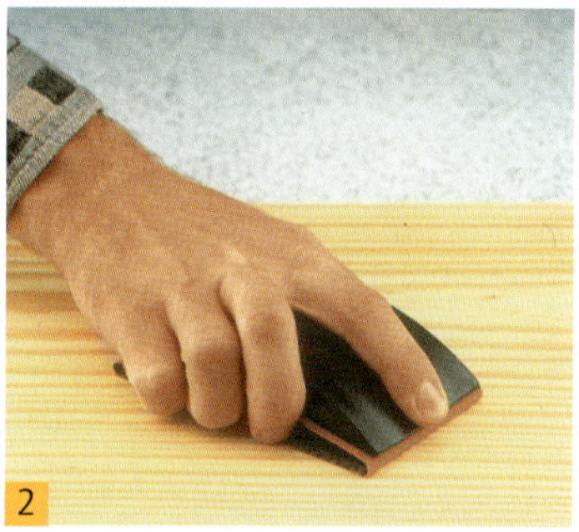

Ein erster Schleifgang beseitigt eventuell vorhandene grobe Unebenheiten.

Durch das Wässern des Holzes quellen die Fasern auf und glätten so die Oberfläche.

Nach dem Trocknen kann die Beize aufgetragen und das Holz im gewünschten Ton eingefärbt werden.

Wachsen

Vor dem Wachsen wird die Oberfläche des Möbelstücks mit feinem Schleifpapier angeraut.

Dann wird das Wachs entsprechend den Herstellerangaben mit einem Pinsel aufgetragen.

Durch Einmassieren und Polieren des Wachses erhält der Schrank seine endgültige Optik.

Das Wachs lässt das Möbelstück sehr attraktiv wirken und schützt es perfekt.

Lackieren

Zunächst wird die Arbeitsfläche grundlegend mit feinem Schleifpapier abgeschmirgelt.

Kratzer und kleinere Macken beseitigen Sie mit Holzspachtel, den Sie in Dosen oder Tuben erhalten.

Vor dem Lackieren muss das Werkstück komplett mit Pinsel oder Rolle grundiert werden.

Jetzt wird die Fläche nass in nass mit der Rolle in einem Arbeitsgang lackiert.

Register